中國傳統農村的地權分配

趙　岡◎著

給
燕毅　亞力
燕石　亞蘭

自　序

　　我二十多年前就立意要寫一本中國歷史上的土地市場與土地分配的書，結果拖到今天才實現，成為我的封筆之作。這一段時間內，我出版了二十幾本專書，發表了八十幾篇論文，其中我著重討論的是中國歷史上的土地制度。這本封筆之作，可以說是我個人在這方面的結論。在書中我要強調提出兩個看法。

　　第一，秦漢以後出現的地主，不是皇帝所「封」或政府所「建」，被稱為「封建地主制」是很不恰當的名稱。絕大多數的地主是由土地市場定位的。在農業生產部門有大農戶，也有小農場；在商業部門有大商號，也有小商店，它們都是由市場定位的。主流派的學者一向認為地權的轉移都是不同方式的土地兼併，地權是越來越集中，即所謂的「不斷集中論」或「無限集中論」，這在邏輯上是說不通的，事實上也是不可能發生的。

　　我的第二個要著重提出之點是，中國明清兩代殘存下來的地籍冊檔，其價值不應完全被否定。有人說中國歷史上的政府「不懂得數字管理」，又有人說明清繪製的魚鱗圖冊「根本不是史實而是傳奇」，我們真正翻閱過並研究過明清的魚鱗冊、編審冊、實徵冊、推收冊的人是不會說這種話的。這些地籍冊檔自然不夠

齊備完善，有其缺點，但絕不是「傳奇」，若加適當運用，再配合私家存留的置產簿及收租冊，還是很有價值的實證史料。

1979年夏，我是中美學術交流委員會成立後第一批選派的美籍人員前往中國大陸從事研究的學者之一。我在南京大學、北京社科院經濟研究所、歷史研究所等處翻閱很多屯溪檔案，並抄錄了很多有用資料，臨回美以前，應李文治老先生之請，為經濟所研究人員作了一次報告，說明這些地籍檔案的價值，並提示若干可進行研究的途徑。會後，章有義先生單獨與我會晤，討論如何進行研究。我回美後即利用所抄錄的屯溪檔案地籍資料寫成我「中國土地制度史」中的一部份內容，在1982年出版。章有義先生也於1984-1988年間，利用此類資料，寫了不少有價值的論文。

當然，大陸上也有些學者，對於這些檔案資料抱持「敵視」的態度，1984年出版的某期「經濟研究」刊登了一篇讀者的書評，認為它是在歌頌地主鼓勵剝削，是反動學者放毒之作。八十年代對外開放以後，這類基本教義派的文章就少見了，大陸學者開始很認真辛勤地整理這些地籍資料，有可觀的成果。我現在這本書就大量利用了他們整理出的資料，作些實證研究。到現在為止，還是有相當數量的地籍資料，仍不許民間學者查閱。例如浙江蘭溪縣檔案館所存的七百四十冊魚鱗冊就不對外開放，是一大遺憾之事。

趙　岡 於聖荷西

目　次

第一章

緒　論

一、經濟史研究上的一個誤區

　　中國歷史上有一段封建時期，即西周時期(1066-771BC)。周天子分封諸侯，「封建親戚，以蕃屏周」。受封者有確定的采邑，封君封臣有層級性的從屬關係，互有固定的權利與義務。統治權是分散的，受封者享有一定的行政權及司法權。這個封建制度到了春秋戰國時期已經敗壞，至秦始皇廢封建立郡縣時，已正式結束。但是，過去幾十年，中國的史學家覺得封建時期在中國結束得太早，為了意識型態的要求，硬把中國的封建時期向後延長了兩千多年。王毓瑚教授認為這種主張是由於中國學者之「歐洲中心論」及自卑感在作祟[1]：經典的社會發展公式是放之四海而皆準，西歐有的中國也應該有，而且西歐是發展最先進的地區，

---

[1]　王毓瑚，〈從《史記・貨殖列傳》來推論中國古代歷史發展階段〉，《抖擻》，1981年3月號，頁65。王教授強調指責這種歐洲中心論者的自卑感之不當，是喪失了自己獨立的立場。

發展階段一定比中國早，中國總要落後一大段。傅筑夫教授也反
對這種「歐洲中心論」，他認為從秦漢開始[2]：

> 中國歷史便完全沿著與歐洲歷史不同的發展道路前進，並
> 為自己獨有的經濟規律所支配，因而對社會經濟發展所產
> 生的影響和所造成的結果，遂與歐洲完全不同，有的甚至
> 完全相反。

不幸，很少中國學者肯接受這個說法。「歐洲中心論」一直
是中國史學界的主流思想。他們創立了「封建地主經濟制」的理
論，把周代稱為「領主封建制」，春秋戰國以後為「地主封建
制」，兩者都屬於封建時期，一直延續到廿世紀。這樣既沒有完
全乖離歐洲中心模式，封建時期的終止點也遠遠落於歐洲之後，
可說是面面俱到。

學者又為中國的封建地主制推衍出許多「特性」：封建地主
制之社會是自然經濟；中國及整個東方都沒有私有土地的制度，
所有土地都歸皇帝所有，皇帝與地主就是封君封臣的關係，皇帝
有最高最後的土地所有權，地主只有一小部分所有權；在中國歷
史上，土地沒有進入流通過程，土地不是完全「自由運動」的，
只能單向運動，也就是兼併式的運動，所以農村中的土地是「不
斷地集中」，「無限地集中」[3]。

2　傅筑夫，《中國封建社會經濟史》，第二冊(北京：人民出版社，
　　1982)，頁174、209。

3　章有義，〈本世紀二三十年代我國地權分配的再估計，中國社會經

「封建地主制」的理論已把中國經濟史的研究，帶入了嚴重的誤區。這個理論本身漏洞百出，與實際史料也不符。為了彌補破綻，學者提出許多補充理論。不幸，這些後續的補充理論也自相矛盾，不但無法彌補破綻，反而引起一波又一波的爭議。

「封建地主制」理論的第一個大破綻是「地主」一詞沒有明確而統一的定義。大體說來，學者共提出兩套不同的定義，而每一套卻又內部分歧，莫衷一是。第一套定義著眼於地主占有田產之多寡，也就是為地主的田產規模定出一個下限，超過此限者有資格當地主，而且一定會被列為地主。譬如說，有人將此下限定為100畝，田產超過此限者便是（當然是）地主。在這一派中，又分為兩支，100畝為限者稱為庶民地主，150畝為限者稱為紳衿地主。有人將此下限定在50畝上，也有人定在30畝上[4]。30畝是很小的耕地面積，只有4.9英畝（acres），全世界絕大多數的農戶，其規模都在此限之上。

更值得注意的是這種設限的武斷性。占田29畝者是自耕農，占田30畝便是地主，這只是文字遊戲而已。最奇特的是胡如雷為地主所設的活動下限[5]他說：

起碼擁有多少土地才能取得地主的資格呢？這取決於畝產

（續）————————————

　　　濟史研究〉，1988年第2期，頁3-10。他稱這種地權分配論是「無限集中論」及「不斷集中論」。

4　同上。

5　胡如雷，《中國封建社會形態研究》（北京：三聯書店，1979），頁82。

量。如果地主全家的最低消費量是五十石，畝產量是二石，剝削率是100%，即對分制，則地主土地最低必要限量就是五十畝。如果畝產量增加爲三石，剝削率不變，則地主土地最低必要限量就會降低爲33又1/3畝。反之，如果畝產量降低爲一石，則地主土地最低必要限量就會上升爲一百畝。

胡如雷否定了一切農業發展的理論與措施。按照他的說法，每當平均畝產量上升一點，農村便要增加一批新地主，一切促使農業發展的措施都會提升農田的畝產量，也就製造了更多的地主，所以一切發展農業的措施都應打倒。

第二套地主的定義，可以避免爲地主占地設限的武斷性，那就是著眼於土地是否出租給佃戶，將田地出租給他人耕種，坐收地租，便是地主，這樣就不必武斷地爲地主占田規模設定下限。然而，正因爲沒有下限，被列爲地主之農戶可能占田很少。例如有周世彥者，研究廿世紀三十年代湖北咸寧的土地分配[6]，他調查了三十八家地主，這些地主共占地533畝，平均每家地主只有14畝田地。應注意的是，14畝只是一個平均數，小的地主有田不足10畝，但是因爲田租給了佃戶，便身入地主之列。最極端的例子是曹幸穗書中引用三十年代末滿鐵在蘇南地區的農村調查[7]，其中無錫榮巷三個自然村中共有36戶地主，平均每戶地主出租1.63畝土

6　周世彥，《咸寧土地分配之研究》（台北成文出版社影印，1977）。

7　曹幸穗，《舊中國蘇南農家經濟研究》（中央編譯出版社，1996），頁44。

地。這36戶被稱為地主，實在是太恭維了。

更重要的是，第二套地主定義中，有一個很大的邏輯問題。很多有大量土地的農戶並不出租他們的田地，而是雇工耕種。既然以是否出租土地為標準來劃分地主身份，這些雇工經營的農戶就應該排除在外。然而學者仍將這些農戶列入地主一類，於是地主又分為兩類——租佃地主及經營地主，同屬封建地主。這裡便又發生了一個概念上的矛盾：經營農場與經營商店或手工業工場，在性質上有何不同？為什麼經營農場之人是封建人物？而商店主人或工場主人便不是封建人物？如果一戶人家今天經營農場，明天改業經營商店，他又將如何歸類？更有甚者，許多田產之業主常常是將其一部份土地租給佃戶耕種，留下一些土地，自己雇工經營。對於這些地主之歸類便由研究者隨心所欲地劃分。你要著重土地租佃，便稱這些地主為租佃地主；如果你要強調經營地主的進步性，便將之歸類為經營地主。譬如，「清代山東經營地主底性質」一書中(附錄表二)列出泰安北石溝武錫賢有地1,000畝，雇人耕種30畝，出租970畝，及棲霞馬陵塚李緒田有地3,000畝，雇人耕種80畝，出租2920畝，但二人都被列為經營地主。

封建地主制理論，不但缺乏一個明確而統一的定義，而且理論上也有很大破綻。首先應該指出的是，不論根據那一套定義，地主在中國傳統社會中出現，絕不是一種定制，他們沒有層級性的從屬關係，他們的田產不是固定的采邑，而是隨時在增減變化，甚至可以隨時消失，他們的田產不但多寡隨時可變，田產的所在地點也隨時可變，他們除了產權外，並未享有行政權及司法權。地主這個圈子是一個free set，人們可以自由加入，也可以自

由退出，不是一群固定的農戶，更不成其爲一種制度。中國傳統農村社會有變動性(不一定是地域上的流動性)，很多貧窮的農民處於上升狀態，很多的富裕農戶則正處於下降狀態，家道中落。在任何時點上，總可以找出若干占田100畝的農戶，就如像在任何時點上進行人口調查，總可以找出一批年滿40歲的人口。但是這不是「定制」，中國傳統農村的土地市場相當自由，土地不但在運動，而且是多向運動，地權分配的變動性很大，既非采地式的定制，也非「無限集中」，「永遠兼併」的單向運動。

以前不久，史學界曾經發生過一段爭論。1954年尙鉞與鄭昌淦編寫的《中國歷史綱要》一書，提出莊園是一種經濟制度盛行於唐宋兩代的說法，許多學者也隨之附和。後來，有學者提出質疑，認爲莊園只是當時農村中的一種現象，而不是一種經濟制度[8]。鄭昌淦在1980年的「綱要」修訂本中，就把「莊園制」中的「制」刪掉，改爲「莊園經濟」。我們現在討論的「封建地主制」，也是同樣情形，它不是西歐中世紀那樣的一種經濟「制度」，在絕大多數的情形下是在專制政體下的編戶齊民，以私有產權爲基礎的市場經濟行爲造成的後果。地主之出現，不是什麼人設立的，也不是什麼政府指定的，而是土地私有產權在市場上交換自然形成的，整個過程是一個自然過程。

從秦開始，編戶齊民就能合法擁有私人財貨的產權，這是市場經濟發展的後果。市場就是人民交換產權的交易場所。財貨分

8　鄧廣銘，〈唐宋莊園制度質疑〉歷史研究，1963年第6期；陳振，〈關於唐宋莊園的幾個問題〉，《宋史研究論文集》(1982)，頁176。

產品與生產要素兩大類，所以市場也分為產品市場與要素市場。產權最主要的內容是所有權與使用權，所以市場交易的形態也分為兩大類，即所有權之交換與使用權之交換。在產品市場上主要的型態是所有權之交換，買者以其對金錢的產權向賣者交換實物的產權。要素市場則兼有兩種交換型態。最基本的型態是使用權之交換，買方付出某種代價來換取生產要素的使用權。要交換使用權，雙方必先言明使用期限，所以使用要素的代價都有時間單位。譬如說，使用勞動力要付工資，工資是以小時計，以日計，以月計，或以年計。使用他人的資金要付利息，以日計，以季計、或以年計。依同理，使用別人的土地要付租金，租金也有時間單位，以月計或年計。如果使用期限無限延長，就變成買斷式的所有權交易，也就是買方付一筆代價取得要素的所有權，然後無限期的使用。土地買斷時所付之代價就是地價，沒有時間單位。資金買斷時則不再是借貸，而是入股，變成equity capital，也沒有以時間單位計算的利息。勞動力買斷時所付之代價便不是工資，而是「奴價」，按人頭計算，被購買的奴婢人身便永遠屬於買主所有，永遠供其役使。要素市場最完整的時候都有這兩種交易型態。不過在現代國家中，政府以法令禁止奴婢買賣，買斷勞動力的交易便被禁掉了。在中國歷史上，秦漢以來雇佣市場與奴婢市場都是合法存在的，人們可以從勞工市場上取得勞動力的短期使用權，也可以付出身價購買奴婢的人身所有權，無限期地使用其勞動力。這兩種勞動力市場是平行的，互相置代，供人選擇，

工資太高則買奴，奴價太高則雇工，工資水平與奴婢價格長期維持均衡，從工資可以推算出奴價，從奴價可以推算出工資[9]。美國在1860年內戰以前，勞動力也是有這樣兩個平行市場。至於土地做為生產要素，只要進入市場交易，也是兩個市場平行，古今中外皆然。中國歷史上也是如此，兩個市場平行，人們在一個市場上進行土地所有權的交換，在另一個市場中進行土地使用權的交易，後者即租佃市場。我們不能只承認其一，而不承認其二。既然有兩個平行的土地市場出現，就有人願意在土地上投資，在一個市場上買進土地所有權，而在另一個市場上賣出使用權。這些人就是我們所謂的地主。他們之出現與存在是自然過程，是在市場上進行土地產權交易的結果。任何人都可以參加這種活動，任何人也可以自由放棄地主的身分。我們沒有理由把中國歷史上的土地市場，租佃市場，土地交易，及其當事人，視為與其他國家者不同，以異類目之。我們也沒有理由把這些市場活動的自然結果，視為一種制度，而將領主封建制與所謂的「地主封建制」相提並論。

一旦土地可以自由買賣，除非政府強力干涉，地權是不會平均分配的，實際分配的情況是由市場交易所決定，這種過程是自然過程。在這個過程中，產權隨時隨地在流動，而且多方向流動，有的農戶在上升，他們的田產逐漸增加，有的農戶在下降，其田產逐漸減少，也有人先升後降，也有人先降後升，各種情況

9　趙岡、陳鍾毅，《中國歷史上的勞動力市場》(台北商務印書館，1986)，第6章及第10章。

都可能出現，唯一不能出現的就是單向運動的「永遠兼併」。

　　如果再進一步考察，我們會發現，這個自然過程是受到許多不同的因素所影響，有的會使地權分配趨於集中，有的會使地權分散。這些因素加在一起，可以互相抵消一部份，留下一些淨的影響。下面我們將從理論上簡述幾個影響地權分配的重要因素。(一)租稅結構：累退結構會使地權趨於集中，累退的結構改善，租稅的影響便趨於中立。(二)商業利潤向農村轉移，會使地權分散。(三)人口增加，會使地權分散。現分述之。

二、租稅制度的影響

　　在中國，私有土地制度一開始就產生了一個十分矛盾的現象。商鞅變法，廢井田，開阡陌[10]，不久就引起某些人的非議，認為新制度導致土地分配之極端不均，「富者田連阡陌，貧者無立錐之地」。另一方面國內又有大量可供使用的荒地，無人開墾耕種。漢末仲長統《昌言·損益篇》也說：

　　井田之變，豪人貨殖，館舍布於州郡，田畝連於方國。

10　本章及第二章中涉及若干古代經濟制度史料，尤其是關於土地制度，租稅制度及奴婢制度，在拙著《中國土地制度史》(聯經1982)、《中國經濟制度史論》(聯經，1986)及《中國歷史上的勞動力市場》(台北商務，1986)各書中均有詳細的解說與分析，在此不再詳加解說。

可是在同一文中他又說：

> 今者，土廣民稀，中地未墾。

從居延漢簡所顯示的漢時物價也可以看出，與其他生產要素相比，土地的價值很低[11]。例如：

> 小奴二人直三萬
>
> 用馬五匹直二萬
>
> 大婢一人二萬
>
> 田五頃五萬
>
> 軺車一乘直萬
>
> 田五十畝直五千

大婢一人的價值相當於二百畝田地。這也許是反映邊區地帶地多人少的現象。「中州內郡」的農田據說最昂貴，大多畝值一金(合萬錢)，「號為土膏」[12]。國內普通地價則在千錢至三千錢之間。建寧二年(西元169年)河內王末卿買田鉛券載所買田每畝價值三千一百錢。光和元年(西元178年)平陰曹仲成買地，每畝一千五百錢。光和七年(西元184年)平陰樊利家買地鉛券載每畝地價三千錢[13]這些都是河南境內的田地價格，時間相差也不遠，看來每畝三千是常價。曹仲成所買是冢地也許便宜點。

---

11 賀昌群，《漢唐間封建土地所有制形式研究》(1964)，頁147。

12 《漢書·東方朔傳》。

13 賀昌群，《漢唐間封建土地所有制形式研究》，頁327、329。

　　更值得注意的是地價與其他物品價格之比，即相對價格。居延漢簡所載當地糧價是「粟一旦，直一百一十」，比一畝田地的價值還要高百分之十。據晁錯說，當時普通土地的年產量大約每畝一石[14]。即令河西邊區土地的生產力沒有這麼高，農地價值也不過是略高於一年產量的價值。《漢書》卷七十二〈貢禹傳〉中也說：

> 禹上書曰，臣禹年老貧窮，家訾不滿萬錢，妻子糠豆不贍，裋褐不完，有田百三十畝，陛下過意微臣，臣賣田百畝以供車馬。

百三十畝田地價值不滿萬錢，與居延漢簡所記很接近。賣田百畝去置備一輛車馬，與漢簡中的軺車一乘值田百畝的比價完全符合。可見當時田地價值相對低廉確是事實。

　　於是我們不免要問：如果勞動力不足，豪富兼併了那麼些土地有何益處？如何利用？其次，從無地之民的角度來看，既稱「中地」，顯然不是低劣不堪使用的土地，無地之人為何不去開墾耕種？土地價值這樣便宜，勞動力這樣昂貴，購置田產應非難事。在這種條件下，土地為何會高度集中，而同時又留下大量閒置的可用之地？

　　據我看，對於這些矛盾現象的答案在於租稅制度。在中國歷史上很長一段時期，租稅結構是促成土地高度集中的主因。基於

14　《漢書·食貨志上》。

自古以來的重農經濟理論，執政者認爲農業生產才是眞正的生產工作，才能創造財貨。也因此，他們認爲農業生產者才是眞正有能力負擔租稅的人。於是農業生產者的稅負一向偏重，而工商業者只負擔一些雜稅而已。

農業生產者歷朝所繳納的主要租稅，大體可以歸納爲兩大系統。第一個系統是田賦，也就是對農業生產活動的課稅。兩漢的田賦是採農業收益稅的型式，按每戶納稅人的農業總收穫量課徵一定比例的稅。要確實地徵收這種稅，地方政府一定要能有效地監督農民收割，並度量其實際產量。依當時的政府行政效率及技術水平，這是難以實現的理想。所以到了東晉，才「度田而稅」，改爲土地稅，不論實際生產量，每畝課徵定額之稅。這樣便簡便易行，以後歷朝大體也沿襲此制。

另外一個系統是人頭稅，或是按勞動力單位，即所謂「丁」者課徵，或是按法定的標準戶(例如一夫一婦謂之一床)來課徵。這一系統又分爲兩種方式徵收，一種是由政府直接徵調勞動力，人民每年定期爲國家服勞役若干日。一種是繳納定量的布帛、絹綾，甚至現金，稱爲「算賦」、「調」、「丁捐」，或「丁賦」。

在西晉限田以前，這兩個系統的租稅表面上是獨立的，但在實際徵收時卻是互相關連的。應服徭役的人從二十三歲起便須向政府掌管土地登記的「疇官」處登記，算是「著於名籍」、「給公家徭役」，到五十六歲方得免除徭役[15]。疇官同時掌管兩個系

---

15 賀昌群，《漢唐間封建土地所有制形式研究》，頁13。

統的課稅，而其共同基礎便是田產之有無。有了田產的人，便有
正式而固定的戶籍，於是田賦與徭役的義務便同時發生。沒有田
產登記的人，流動性較大，即使有法令規定他們要納稅服役，以
當時的行政效率，也難以實際課徵。

　　這兩種租稅中的田賦，不論是按總收穫量課徵或是按田畝數
課徵，在理論上總算是比例稅。但是人頭稅系統，不論是按勞動
力單位課徵或是按標準戶課徵，都是定額稅(lump-sum／taxes)，
其稅負與納稅人的生產量或所得沒有任何比例關係。現在這兩種
稅都因為土地所有權之存在而發生，它們的總稅負便變成了急驟
累退的稅率。每單位產量或收入所負擔之總稅額因土地擁有量之
上昇而遞減。

　　這兩種稅制比較之下，田賦的負擔遠較人頭稅為輕。其法定
稅率，各朝代都能維持在總收穫量的百分之十以下。在漢朝某個
時期，政府的減稅政策甚至將此法定稅率降低至百分之三左右。
此外，田賦的隱逃較易，難以全額稽徵，故實際稅率往往遠低於
法定稅率。但是人頭稅部份則情形反是。漢初力役之征，「正
卒」以每丁每年一月為期，另外每丁每年戍邊三日。無法親自服
役之人，可以每月二千錢的代價請人代役，是謂踐更[16]。這個代
價，與居延漢簡中所記載的土地每畝百錢，粟每石百十錢相比，
可說是相當高了。到了唐朝，「正役」之外另有「加役」。兩者
合計，可高達五十日[17]。每逢戰亂多事之秋，實際征調的力役往

16　《文獻通考》，卷10，〈戶口考〉。
17　同上，卷二，〈田賦考〉。

往大為超過法定日數，占用了每一勞動力每年的大部分時間。在
這種稅負重而又高度累退的租稅結構下，農民如果在很小一塊田
地上進行生產，其每年的淨所得將不足以繳納租稅。土地已不是
資產(asset)而是一種負債(liability)。許多小土地所有者在無法擴
大其土地擁有量的情形下，只好放棄土地，全家逃亡，以避免納
稅。可耕的田地便這樣被荒蕪了。不過，逃亡並非長久之計，於
是更多的小農將他們的田地獻給富豪，以求蔭庇，是為「帶產投
靠」。

　　從富豪巨室的立場來看，田產愈大，繳稅後的報償率也愈
高。不過，在他們擴充田產的同時，必須設法獲得必要的勞動
力，「帶產投靠」正好為他們同時解決了這兩項問題。在很多朝
代，許多富豪因為政治地位或官職而享有合法收納「蔭戶」「附
戶」的特權，及免除賦役的特權[18]。許多巨室雖然不能合法取得
這些特權，卻也非法地這樣做。帶產投靠的農民因此得以脫離政
府課稅的編戶。勞動力與土地同時向大戶集中。

　　人民因避役而棄產逃亡，或帶產投靠巨室，史不絕書，《鹽
鐵論》的〈未通篇〉及〈徭役篇〉都指陳此一事實。《後漢書》
更不斷記載「流人」現象。東漢時編戶人口之急驟減少，也與此
不無關係。國家編戶人口之減少，一部份是反映富豪蔭戶人口之
增加。於是累退租稅結構的後果，形成了一個惡性循環。人民棄
產逃亡，或帶產依託豪強，政府課稅的基礎便日形縮小，因而不

18　即所謂的「復」，《漢書‧高帝紀》顏師古注：「復者，除其賦役
　　也。」

得不提高稅率，結果迫使更多農民棄產投靠，殘留在編戶內的納稅人人數便更少，最後不免全面崩潰。

　　針對這種趨勢，政府早晚要謀求改制。西晉倡行的限田制，便含有租稅改革的意味，企圖以對每戶私有土地數量的限制，來避免租稅負擔的累退現象。如果每一農家都按照「標準戶」所限定的田畝數置產，每一家又按標準戶所規定的稅額納稅，租稅力役之負擔自然平均。這種理想後來更進一步發展成北朝的均田制。不過在南朝各代，土地私有制絲毫未受限制，而士族之免徭役更加制度化[19]。士族私屬的佃客、典計及衣食客「皆無課役」，也是有明文規定的[20]。於是南朝士族隱丁匿口兼併土地益盛。

　　即使是在均田制實施區內，土地的分配也不是完全平均的。北魏北齊都允許人民畜養奴婢，而奴婢也可以分得若干「露田」。不過每名奴婢負擔的稅賦則遠較一般良丁為低[21]。其結果自然是鼓勵人民在法令範圍內多畜奴婢，從事耕作。唐初的均田制，原則上仍是依法令受田還田，但是法令也允許在例外情形下的土地合法買賣。在法令規定以外，私自違法買賣田地者，應受處罰。可是到了均田制的後期，戰亂頻仍，法令廢弛，兼併之風再起。

　　唐之稅法，據新唐書記載，租庸調皆「以人丁為本」，即以人丁為計稅單位，也就是租庸調三者合併為一項人口稅。在均田

19　《通典》，卷三，〈鄉黨〉。
20　《隋書》，卷二四，〈食貨志〉。
21　見《中國土地制度史》第一章均田法規定。

法有效執行時，各戶地與丁有固定比例，不論是以田畝爲計稅單位或是以丁爲計稅單位，其結果一樣。但至唐中葉，均田法已不能嚴格執行，土地分配不均，尤其是在地少人多所謂的「狹鄉」中，土地不敷分配，很多人都不能足額受田。這時以人丁爲本的租庸調就造成嚴重偏差，地多丁少者稅輕，地少丁多者稅重，對於後者，田畝已非資產，反變成負擔，於是有人企圖棄產逃稅，或是變賣手中現有的口分田，或是根本放棄受田的權利，避至他鄉，不入本地戶籍以避稅。政府更以法定免稅特權來鼓勵人民遷至他鄉。《通典》說；「諸人居狹鄉者樂遷就寬鄉者，去本居千里外，復三年；五百里外，復二年；三百里外，復一年。」於是有大量人民逃鄉避稅，他們在新居地沒有戶籍，稱爲「客戶」。《文苑英華》卷七四七說：「人逃役者多浮寄於閭里，州縣收其名，謂之客戶」。在這同時，另有一批人享有免稅特權，可以廉價收購逃亡農戶所棄之田。唐制允許某些人不納租庸調，如部曲客女奴婢，他們無權受田，自然無義務納稅。另有一批人，他們可以占有田產但卻有不納稅之特權，包括九品以上之品官、太學生員、四門學生員，稱「不課戶」或「形勢戶」。這些戶趁機大量廉價收購逃鄉農戶的棄田。官戶之創設唐室開其端，此後一直延續未廢，爲中國稅制史上的大漏洞。史載唐天寶十三年總戶口數9,619,254，其中「不課戶口數」爲3,886,504。這其中一部分是部曲客女奴婢，其餘的就是這些不納稅的形勢戶。天寶十一年的詔書已明白指出形勢戶兼併土地之氾濫：

　　如聞王公百官及富豪之家，比置庄田，咨行吞併，莫懼章

程。……爰及口分永業，違法買賣，或改籍書，或云典
貼，致令百姓無處安置，乃別停客戶，供其佃食。

唐德宗建中年間，楊炎爲相，明令廢止租庸調制，改行兩稅法，
這是一項大改革，也是中國賦稅史的轉捩點。秦漢以來，地畝與
人丁均爲課稅對象，但以丁爲主，漢時地稅輕丁稅重，唐時「租
庸調之法，以人丁爲本」，實際上是三者合併爲丁稅。兩稅法實
行以後，或是以田畝爲計算單位，變成綜合財產稅，或是地與丁
並重，但地重丁輕。從邏輯上看，這種轉變是合理的。從多種稅
源徵課，可能減少稅制上的嚴重偏差，但執行起來困難較多，集
中於一兩項稅源，行政上易行，所以歷朝均有簡化稅制的構想。
但如何才能捕捉到最主要的稅源？漢代地多人少，勞動力是制約
性的生產要素，有勞動力者便能從事生產，賺取所得，只有土地
而無人力便無法從事生產。故以勞動力做爲所得的標誌，訂爲課
稅對象，原則是不錯的。但至唐時，情況已經變了，很多地方都
是地少人多，土地才是制約性的生產要素，應該以土地爲課稅對
象。唐的租庸調制以丁爲本，形成重大偏差，很多小農戶丁多田
少，沒有足夠的所得來付稅。唐中葉，小農戶棄產逃鄉之高潮，
是一個慘痛的教訓，德宗楊炎不得不改弦更張，扭轉這種偏差。
　　楊炎的兩稅法是將「租」的部分，從按丁徵收改爲按畝徵
收，「十畝收其一」，於是變成眞正的田賦，分夏秋兩季徵收不
同的穀物。原來的「庸」與「調」併入戶稅，改按丁或按戶收，
以錢幣繳納。稅率按戶等而分高低。不是務農人民，其邸店行鋪
及爐冶皆列爲稅產而納戶稅。任官的免稅特權亦被取消，任官一

品為上上戶，稅四千文，九品為下下戶，稅五百文。田賦加戶稅可以說是綜合財產稅，田賦是百分之十的比例稅率，戶稅則是累進稅率。更重要的規定是「戶無主客，以見居為簿」，課稅對象擴大，包括客戶。至此，小農戶棄產逃鄉的誘因大為減弱。陸贄〈均節賦稅恤百姓〉一文中說；

「先王之制賦人也，必以丁夫為先……兩稅之立則異於斯，唯以資產為宗，不以丁身為本，資產少者則其稅少，資產多者則其稅多」。

我們可以說，由於租稅制度不良，兼併之風至唐中葉達於高潮，耕地分配不均也以此時為最。兩稅法實行以後，未見進一步惡化。

宋朝的租稅制度對於土地分配與土地利用的影響，較以往複雜。基本上，北宋還是以田產有無來決定住戶有無納稅之義務。也就是將農民分為「主」「客」兩類，主戶要納稅，又稱稅戶，客戶無納稅之義務。《宋會要輯稿》規定：

稅戶者，有常產之人也。客戶則無產而僑寓者也[22]。

主戶之中又分「官戶」及普通「主戶」兩種，官戶又稱「形勢戶」，依據官職高低，可以合法有一定數量的免稅土地[23]。普通主戶又依財產總額分為五等。第一至第四等戶要依法服徭役。五

---

22 《宋會要輯稿·食貨》，卷一二之六七。
23 同上，卷七〇之二七。

等，也是財產最少之戶，全然免服徭役。

　　這種制度導致兩種不同的逃避方式。第一，一如往昔，有人願意放棄土地，以取得免賦役客戶資格。《宋會要輯稿》中說：

> 人戶懼見稍有田產，典賣與形勢之家，以避徭役，因為浮浪，或恣惰游。更有諸般惡倖，影占門戶田土稍多，便作佃戶名目[24]。

不僅是小農戶，即使是富足的大農戶也有這種行為。不過他們往往是偽造土地買賣文書，假稱將土地所有權轉讓給有免役特權的官戶，而以佃農自居。事實上，他們是在租種自己的田，《宋史・食貨志》曾說：

> 承平既久，姦偽滋生。命官形勢，占田無限，皆得復役。衙前將吏，得免里正戶長。而應役之戶，困於繁數，偽為券，售田於形勢之家，假佃戶之名，以避徭役[25]。

政府屢次立法，鼓勵人民告發這種「以田產虛立契，典賣與形勢豪強戶下，隱庇差役者」[26]，但始終無法禁絕。

　　逃役的另一途徑是將家庭拆散，各立門戶，以求達到分散財

24　《宋會要輯稿・食貨一・農田雜錄》，仁宗乾興元年十二月。

25　同上，〈役法〉，卷一七七。

26　周藤吉之，《唐宋社會經濟史研究》（東京大學，1965），頁396-414。

產的目的。大多數這種分戶的形也是虛假的,也就是虛報若干實際並不存在的子戶,以期使每一子戶的財產額達到第五等戶標準,而享受免役的優待。是爲「詭名挾戶」。於是,「至有一家不下析爲三二十家者」,「盡第五等之家,非眞第五等之戶也。」[27]於是有人建議,凡是「有產有丁」的五等戶是眞五等戶應依法免役,而「有產無丁」的五等戶,可證明是僞報的子戶,應照常服役[28]。也有人建議將五等戶的標準降低,也就是將財產免役額降低,富室要想虛立子戶以逃役,就要虛報許多子戶,事實上將有不便,也許可以抑止詭名挾戶之行爲[29]。

　　這兩種逃役的方式,對於土地分配可以產生兩種相反的作用,在某種程度內互相抵消。據此,北宋初期土地集中的情形,應較以往緩和。不過,王安石變法以後,富戶可以根據免役法的規定繳納現金來代替服役。詭名挾戶的需要不再存在,土地兼併之勢因而更盛。於是有人從這個角度批評王安石的新法:

　　　　自改差爲募,富家大姓,不知徭役,而但輸緡錢,則兼併其下貧以爲利。……故治平以前,大姓有破家之患,而天下之人不至窮困。熙寧以來,大姓無破家之患,而天下之人往往窮困,不能自立[30]。

明朝政府對於田賦及丁役制度頗有改革。明太祖洪武八年定制,

27　《宋會要輯稿‧食貨六‧經界》。
28　周藤吉之,《唐宋社會經濟史研究》,頁425。
29　同上,頁27。
30　同上,頁399。

田一頃出丁夫一人，赴京供役三十日；田不及頃者，以他田足之，謂之均工夫。於是田賦與力役均按田產數量比例徵課[31]，基本上符合「賦役合一」的精神。後來萬曆年間推行的一條鞭法，便是這種賦役合一趨勢的進一步發展。據《明史·食貨志》賦役法解釋：

> 一條鞭法者，總括一州縣之賦役，量地計丁，丁糧畢輸于官，一歲之役官為僉募，力差則計其工食之費，量為增減，銀差則計其交納之費，加以增耗，凡額辦派辦京庫歲需存留供億諸費，以及土貢方物悉並為一條，皆計畝征銀折辦于官。

於是田賦、徭役、雜賦合而為一，按畝稽徵，而且均折合成銀兩繳納。

　　這種租稅制度，如果嚴格確實施行的話，應該可以避免以往的租稅負擔急驟累退的現象。不幸，富戶大姓還是想盡各種辦法來逃稅，例如「飛派」、「詭寄」、「那移」、「飛走」、「洒派」等等花樣。更重要的是，明朝仍依舊制，給予政府官員及其家人免稅的特權。例如，根據嘉靖二十四年的規定，京官一品免糧三十石，人丁三十丁，二品免糧二十四石，人丁二十四丁；以下依次遞減；地方官則按同品京官減一半[32]。所以投獻與投靠的

31　無地者是否全免賦役，記載不詳。
32　《萬曆會典》，卷二帙，〈賦役〉。

還是普遍的發生。到明朝後期，吏治敗壞，法令廢弛，情形更加嚴重。

因投靠及投獻而造成土地集中的現象，到了清朝才逐漸緩和下來。清初的田賦依土地之種類及生產力分為三級九等，課以不同賦率。另外還有丁賦；以貧富標準分上中下三等，課以丁銀。所以兩者都可以算是比例稅率。到了雍正二年，索性仿效明制一條鞭法，將地丁合一，也就是丁賦包括於地賦內，統一徵收[33]。更重要的是清政府將官吏縉紳優免賦役的特權大為縮小，自一品官至生員吏丞，只免本身丁徭，其餘賦課仍須繳納[34]。這樣就基本上消除了獻產投靠的客觀條件。其實明清兩朝都有法令，禁止獻產投靠之事，鼓勵人民告發。但是在明朝，此律例形同具文，並無實際效果。清朝政府則有意抑制漢人縉紳的權勢，對投獻田產之事，三令五申，嚴加禁革[35]。

蔭庇之風氣乃逐漸絕跡。

三、商業資金流向農村

中國歷來就有重農思想，其結果是農村吸收了過多的資金。經商的收益率高於務農，但商人賺到錢後往往還是把資金投向農村，購買土地。商人買地之事，自西漢以來就很普遍，但是此事

---

33 無地者，地丁全免，已有明文規定。

34 《清朝文獻通考》，卷二五，〈職役考〉。

35 李文治，〈論清代前期的土地占有關係〉，《歷史研究》，五期（1963），頁80-84。

對於土地分配所產生的影響，歷來學者都有誤解。他們只注意到個人方面的後果，而沒有注意到總體的效果。從個人方面來看，商人從農民手中買到土地，商人變成了地主，農民失去了土地。歷來學者稱之為商人「兼併」農民，認為是造成土地集中的原因之一。但是如果我們從總體的效果來看，情形並非如此。第一，商人挾帶資金回鄉買地，等於是增加了一批土地的需求者或購買者。經濟學原理早已指出，需求增加，將使欲出賣土地之人的講價能力提高，對出賣土地之人是有利的。其次，商人加入土地市場的競爭以後，可以削弱農村中原有地主的勢力，使原有地主的財富累積減緩。其實這也是經濟學的基本原理之一：參加競爭的人愈多，造成獨佔局面的可能性愈小。商人投資買地，會增加地主的人數，但卻使變成頭號大地主的機會減少。第三，經商的收益率高，賺錢較易，為貧苦無地的農戶提供了新的出路。農業的收益率低，無產業之貧農很難靠力田致富，變成業主，但是他們可以到城市去小本經商，賺得錢以後回鄉買地，變成業主。此路雖然迂迴，卻較快捷。於是無地之人變成業主的機會增大。有時是農民力田致富，收購其他農戶的土地，逐漸擴大其田產，有時是農村以外的人到農村投資，購買農田。後者往往更重要，尤其是商人對於土地的需求。

　　漢高祖「令賈人不得衣絲乘車，重租稅以困辱之」，倡行重農抑商的政策。但是商業發展是經濟發展的必然後果，不是一紙政令所能阻擋的。所以漢高祖的政策，以及後來若干類似的政令與法律，都無法長期維持。然而，這種政策卻形成了中國社會上二千多年來歷久不衰的重農觀念。這種傳統對於中國歷史上的資

源分配與資源利用產生了深遠的不利影響。第一，在人民的心目中，土地始終是最重要的投資對象，農業因而吸收了過量的人力與資金，在傳統的農業生產技術條件下，土地投資的報酬率迅速下降。第二，漢高祖重稅商賈的辦法無法貫徹執行。事實上，後來的演變反而是農民的租稅負擔偏重。前面已經講過，在重農思想指導下，農業生產被視爲唯一可以創造財富的生產活動，因而政府對農業生產所徵收的課稅也比其他生產部門爲重。農業投資的淨收益率，與其他生產部門比較就更形偏低。在一個沒有偏見的經濟制度下，各生產部門投資的收益率若有巨大的差異，就將導引生產資源從收益率低的部門流向收益率高的部門。但是在中國歷史上，重農思想嚴重妨害了生產資源的合理流動與合理分配。商業活動的收益率歷來就比農業高出許多。許多人靠經商而迅速致富。但是當商人們一旦累積了相當財富，他們便將其資金投向農業，購買土地。所以資金與人力最後還是朝向農村集中，即所謂「以末致富，以本守之」。這種理論，清朝張英的〔恆產瑣言〕中充分發揮出來。

　　商人買地之事，遠自漢朝就已發生。《史記‧貨殖列傳》中謂：

　　　以貧求富，農不如工，工不如商。

正好說明各產業部門之間的收益率之不均衡。《漢書‧貢禹傳》中更具體的描述商人與農夫的對比。

> 商賈求利東西南北，各用智巧，好衣美食，歲有十二之
> 利，而不出租稅。農夫父子暴露中野，不避寒暑，捽草杷
> 土，手足胼胝，已奉穀租，又出稾稅，鄉部私求，不可勝
> 供。故民棄本逐末，耕者不能半，貧民雖賜之田，猶賤賣
> 以賈。

農商之間收益率不均衡之現象，促使許多農民棄農就商。但是這
只是他們短期性的打算。一旦他們經商成功，累積了資本，他們
又回過頭來，挾其資金購買土地，「以本守之」。《史記》的
〈貨殖列傳〉及《漢書》的〈貨殖傳〉有很多記載。早在漢文帝
時晁錯已將此種情形告訴皇帝：

> 而商賈大者積貯倍息，小者坐列販賣，操其奇贏，日游都
> 市，乘上之急，所賣必倍，故其男不耕耘，女不蠶織，衣
> 必文采，食必梁肉，亡農夫之苦，有千百之得。因其厚
> 富，交通王侯，力過吏勢，以利相傾，千里遊敖，冠蓋相
> 望，乘堅策肥，履絲曳縞。此商人所以兼併農人，農人所
> 以流亡者也。今法律賤商人，商人已富貴矣，尊農夫，農
> 夫已貧賤矣[36]。

漢武帝特別頒布法令禁止商人占有土地：「賈人有市籍及家屬，

---

36 《漢書・食貨志上》。

皆無得名田，以便農。」[37]。後來更藉「楊可告緡」一案，而大規模沒收商賈的私有土地，因此而被政府沒收的土地是「大縣數百頃，小縣百餘頃。」[38]可見商人地主之普遍。

漢以降，除了實行均田制的朝代與地區，土地買賣始終盛行。即使在唐代均田制的後期，也還有土地買賣的紀錄。例如敦煌地區所發現的唐代地籍就有這類紀錄。

到了清朝，政府嚴禁投獻田產之風。而在圈定旗地以後，也再無賜田之舉。所以以非經濟方法取得土地的可能性很小。另一方面，承平日久，商業發達。商賈累積的資金，大量流向農村，收購土地[39]。例如清初的徽商、蘇商，以及稍晚的晉商，他們將販鹽、販糧、開當舖錢莊的盈利用以回鄉置產，有的甚至遠至外省購地。其結果是所謂的庶民地主與商人地主在鄉村中取得主導地位。乾隆以後，旗地禁止買賣的禁令逐漸放寬，上述的趨勢就更加顯著。

應該指出的是，清朝買地之風大盛，大量商業資金湧向農地投資，促使耕地價格迅速上漲。其結果是土地投資的收益率更形下降，資源分配更加不合理。其次，在劇烈的競爭下，地權易手頻仍。從康熙後期各地就常聽到有人抱怨說土地屢易其主，以致妨礙耕種。江蘇金匱錢泳在其《履園叢話》一書中就曾強調這兩種現象[40]。他列舉明末至清初百餘年間江蘇地價的變動。崇禎末

---

37 《漢書‧食貨志》下。
38 同上。
39 李文治，〈論清代前期的土地占有關係〉，頁85-105。
40 李文治，〈論清代前期的土地占有關係〉，頁86。

年每畝價銀一至二兩，順治初年二至三兩，康熙年間四至五兩，乾隆初年由七至八兩漲至十兩，到乾隆五十年左右漲至五十至六十兩。

四、人口增加

人口增加是促使土地分配趨向平均的另一主因。人口增加可以產生兩種作用。第一，人口增加使土地市場更趨活躍。在全國農地擴張受到天然限制之時，人口不斷增加使得對土地的需求增加，在土地可以自由買賣的制度下，強烈的競爭形成了一種自然的力量，使土地產權日趨分散，土地週轉加快，錢泳在其「履園叢話」中就指出，清以前的俗語云百年田地轉三家，今則更甚，十年之間已易數主。人口增加後，不但土地市場更趨活躍，而且變成了賣方市場，出賣田地的人有更大的講價能力。每個人都想買得一些田地，一旦買到，便儘量保持，除非在萬不得已的情形下，絕不出賣田地。從宋代以來，這種賣方市場之形成，有許多跡象可循。第一，土地變得零細化。從買方的意願來看，他們當然希望買到大片的田地，最好是毗連的，坐落在本鄉本區內，但宋以後的發展卻是出賣田地之人都將原來是整片的田地分割成若干小塊，再按家中需款的緊急程度，逐步分塊賣出。所以買田之人只能買到散落各鄉各村中之小片田地，難以構成一個大農場。其次，從南宋開始，典押土地之風盛行，正表示小業主們有儘量保持其土地所有權的強烈意圖。典押土地是暫時放棄土地的所有權，但仍然保留回贖權。這樣做的人家都是為了應付一時的財務

困難，總希望有一天能把土地贖回。此外，追貼、追補、回找等等慣例及安排，都是出於同一動機，反映賣方市場的特色。在這種很多人願意買地，很少人願意賣地的情形下，除非利用強權或政治壓力，要想在短期內累積大量的田地，是很不容易的事，要能湊成大片毗連的田產，更是困難。

人口增加影響地權分配的另一渠道，是透過中國社會諸子均分家產的傳統繼承制。分家析產制度能夠分散富戶的田地要視參加析產的人數而定。換言之，只有在人口增加的時候才能發生這種作用。如果人口的平均生育率是二，總人口數不變，出生人口正好補充死亡人口，此時每家平均只有一個兒子來繼承家業，田產就不致被分割。如果人口增加，每家參加析產的人數超過一人，田產就會逐代分割。

五、我們需要實證分析

以上是從理論上判斷，在中國傳統的農村社會有那些重要因素，可以影響到地權分配的自然過程，此外尚有一些偶發性或局部性的因素，就無法逐一詳述。以上提出的三項因素，對於地權分配影響的方向並不一致，所以土地流通是多向運動。每一朝每一代，這些因素集合後的淨效果也是方向不同，程度不同。大體而言，北宋是一個分界線，劃分了前後兩個階段。北宋以前，地權集中程度較高；北宋以後，地權漸趨分散。

北宋以前，或者說唐兩稅法實行以前，賦役結構高度累退，很不利於小業主，容易使田產向少數人戶手中集中。至於商業部

門，除了西漢及唐初，都不算發達。人口因素，這整個時期是在六千萬水平線上波動，未能發揮分散地權的作用。各種因素的淨效果，是不利於地權分配的，但這畢竟是自然過程的結果。

從北宋開始，地權分配進入一個新的階段。宋代不立田制，土地市場開放自由，此後大體維持這種狀況。宋代和清代，是歷史上商業最繁榮的兩個時代。全國的賦役制度也漸趨合理化。宋承唐制兩稅法，徵收綜合財產稅，以後又經過明之一條鞭稅法及清之攤丁入畝，使租稅結構的累退性越來越輕，田少之戶不再視田產爲負擔，皆倍加珍惜，棄田投靠之事很少發生。而這一時期的人口增長，尤其是一個突出的特徵。從北宋開始，總人口不再是環繞一個水平線上下波動，而是逐漸升高，從北宋末年的一億人口上升到清末的五億人口。我們相信，這個時期人口因素發揮了最大作用。

以上是一些理論上的觀察與探討。但是我們不能就此滿足，不能走以往的研究方式和老路，我們需要做一點實證上的分析與觀察，才能走出誤區。

我們陷入這個理論上的誤區已經太深太久。要想脫離這個誤區，不能以同樣抽象的理論來反證，而要舉出實證資料，具體說明。土地市場是中國歷史上最大最廣泛的要素市場，歷朝政府也特別注意這類的交易活動，而且做了詳細的紀錄。雖然漫長的時序已經使絕大部份的地籍冊檔散失毀滅，畢竟還是有一些殘留的資料被學者發掘出來，包括許多地方政府的魚鱗圖冊、黃冊、實徵冊，編審冊，再加上許多私家的置產簿，留下多年的置產紀錄。這些實證資料足可以供吾人仔細檢視審察，進一步判斷地主

是否如領主一般，在特定的「制度」下由人指派而成？各時代各地區的地權分配，是否有固定的模式，反映「定制」，地主是如何出現的？如何成形的？又如何消失出局的？我們也可以進一步回答；地權分配是否不斷集中？無限集中？在長時期的歷史中有無明顯可見的變化趨勢？

應該聲明的是，本書是限於討論民田的地權分配，而且也只限於農村的耕地，城市中的宅地及商業用地不在研究範圍之內。民田以外，歷朝還有許多非民有的土地，如像官田、營田、屯田、職田、學田等，這些土地都不進入土地市場，原則上是不能公開買賣的。有的朝代，皇帝或政府把公田劃撥給私人，如像授與王公的賜田及其他勳田，雖然已經變為私有田產，也可以進入市場買賣，但是這類田地之地權分配是由市場以外的非經濟因素所決定，所以也不是我們分析的對象。

第二章
土地丈量、登記與統計

一、沿革

在中國歷史上，土地私有制出現很早，春秋時期公有土地已開始私有化，至戰國時，私有土地已普遍存在，但是還不能算是法定的土地制度，尚沒有土地私有制立法。到了秦孝公，商鞅變法，廢井田，開阡陌，私有土地合法化，私人可以正式取得政府認可的土地所有權。從此以後，私有土地是中國歷史上最主要的土地產權制度，各朝代雖然也有各種形式的公有土地，但數量上都遠不及私有土地多。只有在西元485至780這將近三百年間，以私有土地為主體的制度發生了變化，幾乎中斷，那就是均田法的實施。到了唐朝中葉，均田法敗壞，才在全國範圍內恢復了土地產權私有制。

因為土地私有制出現得早，土地丈量與登記的制度也很早就有了，史書中也很早就有土地統計之記載。《冊府元龜》說：

始皇帝三十一年(西元前216),使黔首自實田。

這是田產申報登記制度,政府並未實地丈量耕地。《通典》說:

元始二年(西元2年),定墾田之數。

也未明言土地丈量,可能還是採取業主自行申報的辦法。真正談到土地實測之事,見於東漢光武帝建武十五年之記載。《文獻通考》該年記載:

帝以天下墾田多不以實自占,又戶口年紀互相增減,乃下詔州郡檢覈。

實行均田法的時期,政府實地丈量農田,更是必然之事,如此方能按口授田,土地授收都要登記在冊。宋代更多有關土地丈量的記載。事實上,宋朝政府特別重視農田清丈工作,逐漸改善清丈與登記之紀錄,並且留下不少比較詳盡的墾田統計。據《文獻通考》,宋太祖時建隆二年(西元961):

遣使度民田,周末遣使度田不實,至是上精擇其人,仍加戒飭。未幾,館陶令坐括田不實,杖流海島,人始知畏。

宋神宗時王安石推行方田均稅法,農田丈量更是仔細。《宋史》熙寧五年(西元1072):

重修定方田法，詔司農以均稅條約並式頒之天下。以東西
南北各千步，當四十一頃六十六畝一百六十步爲一方。歲
以九月，縣委令佐分地計量，……方量畢，以地及色參定
肥瘠而分五等。

北宋根據各地方政府的土地登記資料，將民戶分爲主戶與客戶，
並公布其統計數字。這是中國歷史上遺留下來比較完整、比較有
系統的一套有關地權分配資料。南宋紹興年間兩浙轉運副使李椿
年倡行經界法。這是世界各國最早，比較完善的農田丈量登記的
辦法。後來又經過修訂與改善，成爲眾所週知的「魚鱗圖冊」的
冊檔。可惜到今天只有零星的冊檔存留下來，可供我們研究歷史
上土地產權分配的大體面貌，是極寶貴的實證史料。

　　李椿年的經界法是以砧基簿爲主。紹興十二年(西元1142)兩
浙轉運副使李椿年上疏云[1]：

州縣之籍既因兵火焚失，往往令民自陳實數而籍之，良善
畏法者盡實而供，狡猾豪強者百不供一，不均之弊，有不
可勝言者。

因而建議重丈農田經界。宋高宗然之，次年頒行天下。其法是以
砧基簿爲主[2]：

1　《宋會要輯稿·食貨六》。

2　《玉海》卷176。

> 令官民戶各據畫圖子，當以本戶諸鄉管田產數，且從實自行置造砧基簿，一面畫田形丘段，詳說畝步四至，元典賣或系祖產。

此法是由各業主自行丈量，依照官定格式繪成田形圖，然後呈官，地方政府主管官員再檢查與核對：

> 集田主及佃客逐丘計畝角押字，保正長於圖四正押字，責結罪狀申措置所，以俟差官按圖覈實。

若有業主隱漏不報，要受重罰，即「而今來不上砧基簿者，皆及官。」事實上，各業主的田形圖登上砧基簿後，被編上地號，便成爲產權的法律根據，業主少有不呈報者。在土地買賣時僅憑私家地契，是得不到法律的認可，土地交易均以砧基簿之紀錄爲憑。其辦法是[3]：

> 以憑照對畫到圖子，審實發下，給付人戶，永爲照應。日前所有田產雖有契書，而不上今來砧基簿者，並拘入官。今後遇有將產典賣，兩家各齎砧基簿及契書赴縣，對行批鑒。如不將兩家簿對行批鑒，雖有契貼干照，並不理爲交易。

3　《宋會要輯稿・食貨六》。

這就是明清的魚鱗圖冊及推收簿的來源，基本要點相同。大約李椿年時期只是將各戶呈報的田形圖彙總成冊，前面沒有總圖。不久以後，地方主管官署在每冊之前繪製一個整個轄區內田產總圖，各丘田地鱗次櫛比，才開始被稱爲魚鱗圖冊。紹熙元年（1190）八月，朱熹在漳州曉示經界差甲頭榜提到：[4]

> 打量紐算，置立土封樁，標界至，分方造帳，書魚鱗圖砧基簿。

也就是砧基簿前加上一個田形總圖。這是魚鱗圖名詞首次出現。到了宋寧宗嘉定年間才不再使用砧基簿一詞，統一稱之爲「魚鱗圖冊」。元朝仍依南宋辦法登記地籍，並向北方推廣，江西、河南等省均行此制。據《餘姚縣志》卷22記載，在元順帝至正年間（1341-1368），州同知劉輝主持土地丈量工作：

> 乃躬履畝，鱗次圖之，曰魚鱗圖。置流水簿，兜圖之實。又爲鼠尾冊，定上中下三戶，均其徭役，每田一丘，給民印署烏由一紙，令按由檢田，即無由莫敢業田也。

其「鼠尾冊」即後來的歸戶冊，「由」則是產權憑照，發給業主收存。

　　明朝大規模丈量民田，計有兩次。明太祖洪武元年（1368）遣

4　《朱文公文集》，卷100。

周鑄等164人，在浙西覈實田畝，至洪武四年(1371)令天下有司度
民田。這個工作進行得很不順利，拖拖拉拉直到洪武廿年
(1387)，各地的魚鱗冊才完工進呈。冬十二月太祖檢查兩浙及蘇
州等府之情況，發覺漏洞頗多，極不滿意，遂召國子生武淳等
人，再赴各處詳查[5]：

> 乃集糧長及者民，躬履田畝之量度之，遂圖其田形之方圓
> 大小，次本其主名及田之四至，編匯爲冊，號曰魚鱗冊。

這次土地丈量工作是與戶口普查同時進行。爲了調查翔實，太祖
曾下嚴令，有隱漏者「家長處死，人口遷發化外[6]。」這次調查直
到洪武二十六年(1393)才全部完成。有學者認爲武淳等人到的地
方也很有限，這一點就有待以後查證了。洪武年間的魚鱗圖冊，
有實物存留至今。

　　明朝的第二次農田普查工作是在明神宗萬曆六年(1578)開
始，四年以後才竣工，今天看到的明代魚鱗圖冊是萬曆九年或十
年製成者。這兩年各省都有土地丈量的結果呈報。《續文獻通
考》萬曆六年記載：

> 閣臣張居正因台臣疏奏，請通丈十三布政司，並直隸府州
> 田土，限至十年丈完。

5　《續文獻通考》，洪武二十年。
6　《明會典》，洪武二十四年。

又據《明會典》萬曆八年規定防止隱漏的辦法是

查出問罪，田產入官。有能訐告及實，即以其地給賞。丈
量完日，將查出隱匿田地抵補浮糧。

萬曆年間的土地清丈很徹底，實施於全國各省，並有統一的丈量
方法與條例。今天保留下來的萬曆魚鱗圖冊很多，有浙江、江
蘇、安徽、江西、湖北、山西等省之實物。

清人入關以後，初期是盡量維持或恢復萬曆年間的地籍資
料，認為它們比較精確可靠。《大清會典》說順治三年曾下詔：

悉復明萬曆間之舊計。

十五年又有詔：

其地畝大小及丈量繩尺悉照舊規，不得任意盈縮……田土查
明萬曆間賦役全書，與今賦役全書數符者，不必清丈。

但時距明萬曆畢竟已過很久，各地墾殖，農田變化頗大，康
熙二年下詔不論荒熟，全國丈量[7]。次年刑科給事中楊雍建議為此
舉過於擾民，奏請停止清丈。此後，湖南、安徽等省巡撫相繼奏
請停止清丈，康熙依奏停止全國全面丈量，但允許各地方官自行
裁奪在本地區進行土地清丈[8]。康雍乾三代都有區域性的清丈工
作，製造新的魚鱗圖冊。

7　見西村元，《東洋史研究》33卷3號，頁102-155，討論清初土地丈
　　量之長文。

8　同上。

　　明清的魚鱗圖冊在格式上相當統一，都是依循萬曆年間的規定繪製。冊前首頁寫明丈量手姓名及繪圖員姓名，次頁是轄區內地形全圖，包括水陸山川道路橋樑，以及所有的田丘，一一畫出，櫛比排列，看似魚鱗，故稱魚鱗圖冊。每一田塊又註明編號，以下便是按編號順序的個別田丘的田形圖及有關資料。個別地形圖上除了繪圖外，要記載田丘坐落位置，土名為何，業戶，佃戶，積步，四至。積步以弓或步為單位，也就是長度。田丘面積是以實畝計算，未經折合成稅畝。在編製魚鱗圖冊時，工作浩繁，先要丈量記錄，繪製田形圖，先製草圖，經審定後再抄成正式存檔的圖冊。今天留存下來的實物就有某些地方的魚鱗冊草冊。據記載，有時編製者(稱架書)還抄有副冊，自己保留。

　　在開始丈量之前，中央政府先定出弓尺的長度，尺是營造尺，每弓(步)五尺，中央政府鑄成標準的銅尺，不會伸縮，分發給各地方政府單位，是為部頒弓尺。有些地方便依標準尺刻在石上，為後人之依據。實際的丈量工具有二種式樣。一種是一個A字形木製三角架，兩足開度是五尺，即一弓或一步，頗似中學生常用的雙足圓規。測時丈量者沿著田丘邊界，以一足為軸旋轉180度，即為一弓，不斷進行。此法可由一位丈量手擔任即可。另一種工具，稱為繩杆，兩條竹杆由一條繩連繫著，繩長為五尺，即一弓。量時由兩位丈量手各執一杆測量下去。此工具攜帶方便，但要兩位測量手合作使用。

　　值得注意的是土地面積的計算方法並不科學與精確。但在近代科學測量術發明以前，測量形狀不規則土地面積本來就是一件困難複雜之事，中國古代計算面積之方法雖不科學，卻並不比西

歐國家所用的公式更差。明代以前的文獻只有計算矩形及不等邊四邊形的公式[9]即《夏侯陽算經》中所說的「並二長半之，又並二廣半之，相乘為積步。」即上下兩邊長度相加除二，再以兩側邊長度相加除二，然後兩商數相乘。此法對正方形及矩形而言，所求之面積正確，但對不等邊四邊形，所求得者便大於面積，只要四角中有大於直角(90度)者，角度越大，偏差也越大。在宋以前，人少地多，農場面積大，田丘大多數規劃成方田或矩形田。古代井田是方形為主，王安石推行方田制也是以方形規劃為主，到此時為止，計算公式不科學所造成的偏差尚不大。從南宋以降，農田不斷切割，田形千奇百怪的都有，計算公式所導致的偏高度便加大了。其次，宋以前，對於矩形田以外的田形，未見文獻中任何計算面積之公式。但南宋以後，這個問題就顯得十分重要了。

　　李椿年推行砧基簿時，仍是使用古法求積[10]。洪武清丈詳細辦法不詳。萬曆六至十年的全國清丈，據《明史・食貨志》田制篇所載：

> 丈量之法要在定形，而不出於方員之變。田之方員，其變無窮，壹以徑圍乘除，畸零截補，用畝法開方得實，方者方之，員者亦方之，即古方田法也。

這裡計算方法依然不詳，也沒有舉例示範。據我們從各魚鱗圖冊

9　趙岡、陳鍾毅，《中國土地制度史》，頁95-108。

10　(南宋)趙顏衛撰，《雲麓漫鈔》，卷一。

的實繪田形圖，四至長度，及所記之積步數，可以判斷有三種不同的計算方法。

（一）第一種是處理整齊不等邊四邊形的田地，則直接使用古方田法，即兩對邊相加除二，另兩對邊也相加除二，兩得數相乘即為面積數。

（二）第二類是比較畸形的田形，此時就要先畫出一個或兩個矩形，然後畸零截補，估計所缺之邊角，或所多之邊角，加減到主矩形面積上。此時畸零截補便沒有定法可循。

（三）第三類田形，其邊數大於四，但各邊都是直線，沒有畸零邊角。這些田形便被切割成幾個矩形及三角形，分別計算面積，然後加總，得出田丘的積步。我所見過的田形圖中最複雜者，竟被切割成十一塊[11]。

被測量的土地，統一規定是分為田、地、山、塘（蕩）四大類。但各地有更進一步細分者。例如雲霧荒山、草山、馬田、蘆地、沙地、湖田、灘地等各類。大體而言，各地的山，均不實地丈量，田形圖中也不必畫，只隨便畫個山頭。

二、從地籍到戶籍

到了明清，已經發展出兩套平行登記制度。一套是以每號田地為單位，詳加丈量登錄，文獻中稱之為「從田」，我們可以稱

---

11 欒成顯，《明代黃冊研究》（中國社會科學出版社，1998），頁176。

之為「地籍」；另一套是以每戶人家為單位，文獻中稱之為「從戶」，我們可以稱之為「戶籍」，地籍與戶籍的功用與格式均不同。《明史》卷77〈食貨志〉說：

> 魚鱗冊為經，土田之訟質焉。黃冊為緯，賦役之法定焉。

陸世儀的《論魚鱗圖冊》說的兩種登記制度之間的關係是：

> 一曰黃冊，以人戶為母，以田為子，凡定徭役，徵賦稅則用之，一曰魚鱗冊，以田為母，以人戶為子，凡分號數，稽四至，則用之。

更具體的說，地籍是為了確定境內各號田地的總面積，也是為了確定每號田地的產權，它最重要的登記項目就是丈量的面積及四至。地籍又分兩種，一種是登記靜態的產權，即魚鱗冊，另一種稱推收冊，是登記動態的產權轉移。如果相鄰的業戶在田產上發生爭執，或是在田產交易或產權轉移時過割不清，就都要以魚鱗冊上登記的四至及面積為準。黃冊則是政府向農戶收稅的依據。明清時仍以土地稅為主要稅賦，故以地籍上登記之產權，確定各農戶每年應繳納的賦稅。地籍與戶籍之間的聯繫就是歸戶冊，從以土地為單位的登記轉為以人戶為單位的登記，然後計算每戶業主的田產總數，確定應繳之稅額。

在魚鱗冊清丈工作完成之後，每一號田地便要開出一張歸戶票，其格式是不再繪出田圖與四至，只記載下列各項：

業主姓名

田產之編號及坐落位置，土名

面積

稅則

年月日

填發此票之「圖正」姓名

在歸戶的過程時，實地丈量的面積便被折成一個標準單位，以便各類田地加總為此戶之田產總額。例如休寧縣萬曆10年7月23日的一張歸戶票上即寫明[12]

貳拾肆都貳圖奉本縣明示……計開丈過土名所塢，恭字一千三百五十五號，計積一百參拾貳步參分壹厘五毫，下則田稅五分零玖毫，系本都一圖九甲汪保戶，見業戶丁，執此票證。

其中132,315步是實在面積，其0.509畝則是「稅畝」，折算率是260步等於1稅畝，正是當時規定的下則田。

田產多的業戶，每一號田地有一歸戶票，一式數份，由業戶及地方政府收執。業主將他的歸戶票集中一冊，是為「單戶歸戶冊」。

每一個地方政府也將其境內各業主之歸戶資料，集於一冊，

---

12 欒成顯，《明代黃冊研究》，頁179。

是為本都本圖的歸戶冊，作為徵課賦役之資料。黃冊羅列每戶資料，分為兩大類，即「人丁」及「事產」，每一大類列成「四柱式」，即「舊管」，「新收」，「開除」，「實在」。單就田產而言，該戶名下將所屬本宅各號田產，一一羅列，每一項下又書名其稅額，即米、麥、絲各若干。最後再加總；本宅田產總額（標準畝，即稅畝或折實田畝計算）及賦稅總額。

　　明代黃冊是每十年編造一次，然而徵收賦稅則是每年必行之事，所以黃冊的登記項目又被簡化，每年或每五年編造一次，是為實徵冊，完全是為了徵收賦稅之用，屬於「戶籍」一類。這兩套登記程序都很繁雜，各地也出現若干異名。魚鱗冊又稱「丈量圖冊」、「丈量清單」、「丈量草冊」、「魚鱗抄本」，可能都是定案以前的初稿。黃冊及實徵冊又有稱為「實徵錢糧南米冊」、「收稅冊」、「實徵大冊」、「地稅冊」、「實徵對同冊」、「稅畝冊」、「賦役冊」等名。內容大同小異。

　　到了清康熙五年，政府廢黃冊制度，改以「編審冊」代之，或稱「編審紅冊」，以五年為期，編造一次，其實，新辦法是將黃冊簡化，再與實徵冊合而為一，以為徵課賦稅之依據。至乾隆三十七年（1772），再廢編審冊之制度，而以保甲登記代之。

三、面積單位

　　今天我們看到的魚鱗圖冊，都是以240步為一畝，只有山地例外。明清時代的土地分為田、地、山、塘四類。其中的「山」均不實際丈量，而是以其他方式估計面積。在魚鱗冊上只畫一個山

形，沒有四至，也沒有積步。山地不是種糧的耕地，而是種草或其他植物，故山地又按其種植物分別稱爲「草山」，「荒山」等。山雖然不是耕地，卻也有收益，故須納稅，定有山的稅則。後來人口增加，人民開始將山地改成農田，種植糧食作物，此時「山」便升科，改成「山成田」及「山成地」，按通常的田與地之稅則收稅。

在明嘉靖以前，國內的畝制很複雜，有大畝小畝之分，小畝以240步爲一畝，大畝的積步則各地不同，沒有統一的規定[13]。嘉靖要劃一畝制，但未能徹底實行，這個工作一直留給萬曆。到萬曆九年，張居正在全國各地清丈田畝，才統一規定以240步爲一畝。萬曆清丈做得很翔實。我曾經檢視過許多本魚鱗圖冊的田圖，由積步算得之畝數，除了計算方法欠科學外，都符合240步一畝的規定，而且每幅田圖之四至與其四周鄰田的四至完全吻合。許多田圖都是畫在事先印好的圖紙上。因爲萬曆以前的畝制紊亂，新丈量的圖紙上還註明原來的稅糧數額。例如嘉興府的魚鱗冊(稱爲地畝帳冊)[14]上每頁都註明：

　　　原辦糧，地××畝×分×毫×，今丈實同。

嚴州府遂安縣的所有魚鱗圖冊，也都註有這一行字樣，表明新丈

---

13 樊樹志，〈萬曆清丈述論〉，《中國社會經濟史研究》(1984)，第2期，頁27。

14 社會科學院歷史所藏，編號739.7727；又如「新丈休寧縣十二都魚鱗經冊」，歷史所藏，編號736.2362，第貳拾玖百叁仟叁字之繪圖，一側寫「新丈量共積陸拾捌步陸分貳厘」，另一側寫「應擬中則計田稅叁分壹厘貳毫」。

量是用「實畝」，並與前朝的稅率比照一番。又有一冊魚鱗冊[15]
上將原登記面積與新丈量之結果比較核算如下：

　　賴字一千四十九號起至一千八十一號止
　　　　原稅地九十一畝五分七厘二毫
　　　　今折實地五十一畝九分三厘七毫
　　　　今折地成田一畝二分二厘
　　賴字一千八十二號起至一千五百七十八號止
　　　　今折山一千一百五十七畝三分八厘
　　　　原山同
　　　　原山腳地七十七畝二分六厘三毫
　　　　今折山腳實地六十七畝三分四厘六毫
　　　　今折地成田五分九厘六毫
　　　　今折塘成田四分
　　賴字一千五百七十九號起至一千六百五十五號止
　　　　原稅田五十二畝五分二厘七毫
　　　　原稅地一畝八分三厘八毫
　　　　今折實田三十七畝七分八厘七毫
　　　　今折沙漲田成地六分四厘九毫
　　　　今折實地六分四厘五毫

上面清楚記明「原稅地今折實地」及「原稅田今折實田」，以及

15　現藏武漢大學歷史系。

升科之項目「折地成田」，「折山」，「折山腳實地」，「折地成田」，「折塘成田」，「折沙漲田成地」。

總之，從萬曆清丈後，魚鱗圖冊的丈量單位明確統一，都是實畝，即實田實地，240步一畝，但轉化為黃冊這一系統的戶籍時，記錄單位又發生了變化。登記歸戶冊及黃冊時要經過歸戶的過錄手續，由地籍轉換成戶籍，做為徵收賦稅的根據。魚鱗圖冊上的每一號田地都抄成歸戶票，按業主姓名，集合於一處，所以歸戶冊及黃冊上各業主的田產紀錄，有各種各類，總額也有多有少，田與地的肥力與單位產量有高低之別。為了計算稅額，最好能化為統一的計算單位，稅負求其公平。從現在殘留下來的冊檔看來，明末萬曆以後，各地有兩種不同的處理方法。一種辦法是各塊田地均按240步一畝的實畝統一計算，各類田地再按肥力及產量劃分不同等級，按不同的稅率課徵田賦。這是單一畝制配合複式稅率。江蘇長洲及浙江麗水縣即是採用此一辦法[16]。

另一辦法則是將各類田地折算成一個統一計算單位，稱為「稅畝」，然後按統一稅率徵收稅賦。也就是以統一稅率配合複式折算率。安徽省境內各縣即採用此法。按這套辦法，複式折算率等級很多，每一實畝折成稅畝數出入很大。

下面表2-1即是萬曆九年休寧縣規定的折算率。

表　2-1

---

16 李盛唐，《麗水田賦之研究》，（國民政府地政研究所調查資料，由台灣成文出版社影印），頁2138。

田地等級	稅畝步數	1實畝折成稅畝數
一等正地	30步	8.0稅畝
二等正地	40步	6.0稅畝
三等正地	50步	4.8稅畝
四等正地	60步	4.0稅畝
上 田	190步	1.26稅畝
中 田	220步	1.09稅畝
下 田	260步	0.92稅畝
下 下 田	300步	0.80稅畝
上 地	200步	1.20稅畝
中 地	250步	0.96稅畝
下 地	350步	0.68稅畝
下 下 地	500步	0.48稅畝
塘	260步	0.92稅畝

資料來源：萬曆九年休寧縣稅等則與稅糧科則

　　事實上，用稅畝計算並未能簡化手續，而在南方地區，反而更增加麻煩。到了明代，南方各省如安徽地方已經普遍實行米麥兩熟制度，各塊田地不但米的單產量不同，麥的單產量也不同，政府同時徵收米麥兩種作物，不得不再定出各類田地不同的米麥科則。就在表2-1所據的休寧縣稅糧科則表中，就列出下面的稅率[17]：

　　從一等正地至下下田八等級每畝科則麥2升1合，4勺及米5升3合5勺。
　　從上地至下下地四等級每畝科則麥1升9合8勺7抄及米3升8合7勺1抄3撮。

---

17 欒成顯，《明代黃冊研究》，頁167。

　　塘每畝科則參2升1合4勺及米5升3合5勺。

顯然，這套折畝辦法是複式折算率加上複式稅率，甚複雜。

　　清政府清楚看到這種稅畝制過於繁複，在改用編審冊代替黃冊時，另訂出一套折算辦法，其標準單位稱爲「折實田」，將各類田地均按田的實畝(即240步)計算。據康熙五年(1666)休寧縣賦役全書所載，其折算比例如下[18]：

　　田1畝即算1畝實田
　　地1畝折實田0.738畝
　　山1畝折實田0.221畝
　　塘1畝折實田1畝

四、墾田面積的可信度

　　最後，我們要討論一下這些冊檔上的材料之可信性。在這方面有兩點值得注意。第一，冊檔上的田產數字，有無虛報及漏報之事，第二，即令所有的業戶都依法登記其田產，但經過折算的過程，冊檔上的田畝總數是否會與實際田畝總數有很大的出入。

　　我們相信明萬曆九年以後的魚鱗圖冊，雖然比不上現代國家的土地統計數字的精確性，其可信度還是相當高，只有一些計算及測量上的誤差。從動機上來看，魚鱗冊本身不是徵調賦役的根

18　欒成顯，《明代黃冊研究》，頁272。

據，而是建立產權的法律根據。業主在魚鱗圖冊上登記，是取得合法產權的唯一途徑，也是日後田產買賣過戶時的產權證明。爲了保障產權，避免爭訟，或是爲了便於日後出售田產，業主沒有強烈的隱瞞不報之動機。其次，從李椿年開始，每次舉行丈量工作，政府都有懲罰逃避者規定，而且罰則不輕。李椿年規定，不上砧基簿者，其土田皆沒官。明太祖對隱漏者的處罰更重，家長處死，家口遷發化外。張居正清文時也立有法則，如首報不實，查出問罪，田產入官，告發者有賞。不要以爲這是官樣文章，不發生實效的虛文，歷史文獻確有懲罰實例的記載。在南宋淳熙十一年(1184)，也就是在李椿年實施砧基簿後四十一年，廣州學田當局曾取得宋英的田產共四號66畝，原由是這四號田都是未在砧基簿上登記的隱田，被一位名叫羅餘之人告發，因而沒官，劃撥爲廣州學府之學田[19]。其次，各號四至並不是草草丈量登錄便算了事，政府主管官署常有審查複驗之事。我曾見休寧某都魚鱗冊總圖，上有註明「此數號似要查」之字樣[20]。

即令業主要賄賂買通丈量人員隱漏田產不報，也有實際上的困難。讀者可以從魚鱗圖冊的總圖看出，各坵田地毗連排列，若其中某號被隱漏未報，總圖中就要露出一個空白洞。再說，任何一坵田地都記明四至，如果把其中某坵剔出隱藏不錄，則其四周

---

19 《金石續編》，卷19，宋7，〈廣州贍學田記〉。

20 社會科學院歷史所藏，編號739.7727；又如「新丈休寧縣十二都魚鱗經冊」，歷史所藏，編號736.2362，第貳拾玖百叁仟叁字之繪圖，一側寫「新丈量共積陸拾捌步陸分貳厘」，另一側寫「應擬中則計田稅叁分壹厘貳毫」。

的田塊四至將無法互相吻合。然而現存的魚鱗圖冊尚沒有發現鄰田四至不符之例。我們檢查魚鱗圖冊，發現唯一可以證實的誤差是技術性的誤差，即上節所說算四不等邊四邊形的公式，會導致所測得的面積偏大，夾角越大，誤差也越大。

　　然而，明清文獻中屢屢記載各地都有富有的業主利用各種各樣的手段，隱漏田產，逃避賦稅，這些記載當非無的放矢。我們相信這些當是實情，但是都發生在黃冊及實徵冊上，這些毛病都是在田產歸戶的過程中出現。當政府主管地政人員將業戶散置於各都各圖的田塊製成歸戶票，然後再匯集同一業主名下的歸戶票，計算其田產總額，並登錄在黃冊及實徵冊時，業主可能以不法手段，動了手腳，以期減少其稅負。無論從動機上或環境條件上來看，這種種弊病極可能發生，但是我們無法估算隱漏田產之數量並做必要的調整。我們只能說，實徵冊及黃冊上的田畝統計，其可信性遠不及魚鱗冊之統計高。

　　另一項引起學者爭議的是使用稅畝及折畝可能引起的誤差。有些學者堅信，明清政府以稅畝或折畝為單位而得出的土地面積比實際面積要偏低很多。這種說法，未必正確，而且不能一概而論。

　　首先應該指出的是，明清政府公佈的墾田數字中，田，地，山，塘四類中，山的面積與實際面積出入最大。第一，山地都未經實地丈量，而是用不同的方法估算出來。第二，山地的折算率最低。萬曆九年清丈時的規定是「山不論步量計分畝」。康熙五年時規定「盡折實田一則起科，是稅畝有定式矣。」而所謂定式卻是山1畝折實田2分2厘1毫。不過，如果我們著眼於耕地面積，

則「山」之面積不論是如何計算而得，都不影響耕地面積。田，
地，山，塘四類都在登記之列，是因為「山」有收益，是課稅的
對象，但「山」不是耕地。一旦山地被改良為種植糧食的耕地，
山地即被升科，改列為「山成田」，「山成地」，列入「田」與
「地」類計算。現在剩下令人困擾的是，清中葉開始，中國南方
山區移入大量的棚民，他們不再限於種菁為生，而大量種植玉
米。按理說，玉米是糧食，種植玉米之地應列為耕地之一部份。
但是棚民的流動性很高，他們用粗放的方式在山區種植玉米，採
取遊耕的方式，種植玉米之田地三年五年即地力嚴重減退，棚民
棄而他遷，換另外一片山地耕種，這些棚民的耕種區是否依規定
劃為「山成田」或「山成地」，則沒有任何實例可證，是值得研
究的。

目前值得討論的是，田、地、塘三類在折畝制度下計算的面
積是否與實際面積有巨大出入。折畝制度能產生兩種影響。第
一，折畝是變相的增減稅率。第二，折畝會影響墾田面積之統
計。明代所制定的「稅畝」制，是一種變相的增稅辦法，而且誇
大墾田總額，換言之，稅畝總面積要大大超過實畝總面積。清代
的折實田辦法，效果相反，是變相減稅，尤其是邊省新開墾地
區，劣等土地的數量大。

從前面表2-1中，根據「萬曆九年休寧縣稅等則與稅糧科則」
之規定，明代政府變相加稅的企圖很明顯。稅畝制是複式折算率
加上複式稅率。土地分為十三等，其中七類是一稅畝大於一實
畝，六類是一稅畝小於一實畝。九類土地要付高稅率，平均折算
率是156步為一稅畝，即一實畝折算成1.53稅畝，每稅畝要付較高

稅率。另外四種土地，平均折算率是325步為一稅畝，即一實畝折算成0.73稅畝，而且這四類土地的每稅畝的稅率較輕。這十三等級土地的劃分很繁瑣，當時沒有任何土地肥力判定的科學客觀的標準，只能憑稅務人員的主觀認定。為了多收稅，稅務人員可能偏高判定土地等級。我們可以舉出實例證的這一點。前面提到武漢大學所藏之某地魚鱗圖冊，曾將「稅田」與「稅地」對照實畝，做數量上的比較，其結果如下：

(1) 賴字1049號起1081號止：原稅地91.572畝折成實地為51.927畝，即稅畝比實畝多出76.3%

(2) 賴字1579號起至1655號止：原稅田52.527畝，今折實田37.787畝，即稅畝比實畝多出39%，原稅地1.838畝，今折實地0.645畝，即稅畝比實畝多出185%。[21]

稅畝折算會造成墾田面積偏高的效果，從理論上，從實例上都可以坐實。但偏高的程度各地不同，要看該地良田劣地比重如何而定，也就是加權平均的問題。如果將表2-1中十三類土地不加權計算，求其平均折算率，得出2.39，即1實畝可折成2.39稅畝。實際情形可能不會偏高到這種程度，因為「正地」的比重畢竟很小。總之，這種稅畝制過於複雜，我們無法推算明代墾田總數的偏高程度。

---

21 此處之0.645實畝地應是所謂的「四等正地」，一實畝約可折成四稅畝。

　　清康熙五年，廢止黃冊，改爲編審冊，同時將稅畝制改成「折實田」的辦法，其用意與明政府完全相反，企圖以變相方式降低土地稅。清代墾田分類很簡單，只有田、地、山、塘。其中「山」不算是耕地，只剩下三類。其中的田與塘都是一實畝算一畝，沒有折減，只有地這一類面積折減，一實畝折算0.738「折實田」畝。也就是折減約26%。折實田換算後，稅率一致，換言之，「田」的稅負最高，以此爲上限，不得變相增稅。清政府正是要用這種變相減稅辦法，照顧邊疆地區新開墾的劣地。折實田的計算方法簡單，我們可以大概估算折換所造成的總面積之偏差。地比田折減26%。假定全國耕地一半是田一半是地，則以折實田計算的總墾田畝數，要比實畝總數少13%，我們不妨就以這個限度來評估清代公布的墾田總數。

　　最後應該指出的是，不論是折換成稅畝或折實田，對於產權分配之分析都無太大影響，所造成之偏差不會集中於某少數業主。

　　最後要談一下境外占田的問題。從宋代開始，農田零細化，被切割成零星小田塊。在賣方市場的條件下，買方無法買到大片毗連的田地，只能東買一塊西買一塊，有的時候要到鄰都、鄰鄉，甚至鄰縣去買地，於是發生境外占田的現象。魚鱗圖冊是以一都一圖爲區劃單位，冊中記載的田地都是本圖境內的田地，不包括境外占田在內。從魚鱗冊上登錄的田地作成地權分配統計，會有偏低的誤差，因爲境外占田的業戶多半是較大的業戶，小業戶極少會境外占田，故分配統計中會低估大業主的占田數額。另一方面，從黃冊、實徵冊、編審冊等地籍冊檔所得之統計數字，

這種偏差就比較小，因為這類冊檔是「從戶」性質，都是經過歸戶的手續，同一業戶，境內與境外所占之田，均有歸戶票，集於業戶名下，以總額記於「事產」項下。本書第四章及以下各章，地權分配統計絕大多數是從黃冊、實徵冊、編審冊的數字求得，大體上可以免除境外占田所造成的偏差；只有少數幾個例子是從魚鱗冊中算出的。

第三章

分析工具

　　要嚴肅研究傳統農村的地權分配狀況，不能只根據「富者田連阡陌，貧者無立錐之地。」這類話來發議論，我們應該用統計資料進行實證分析。不幸，歷史留下來的有關統計資料精確性不高，而且數量有限，很不齊全，我們只能用很簡單粗糙的統計概念作爲分析工具。在這裡我們利用兩套分析工具。

　　一套工具是從土地分配的絕對數量來看。傳統社會的產權單位是戶，不是丁或口，所以我們的分配曲線縱軸度量戶數，橫軸度量畝數。通常的財產分配曲線不是兩側對稱，峰端位於曲線當中，即所謂的常態分配曲線，如圖二，而是峰端偏於一側(skewed)的分配曲線，如圖一。爲了便於說明，我們假設這些分配曲線多少近於常態，而指出幾種不同的狀況。

　　第一種狀況是分配之平均化。如圖三所示，分配曲線由A演變至B，由B至C，再由C至D。四個曲線的峰端差不多是在一條直線上，它們的平均值(mean)沒有大的變動；但是四個分配曲線的標準差(standard deviation)及離中系數(variance)則逐次縮小。這表示這個農村社會以田產衡量的富裕程度，總體來看沒有什麼增減，

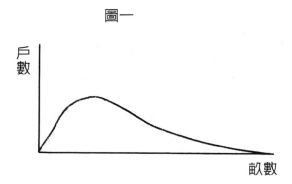

圖一

戶數

畝數

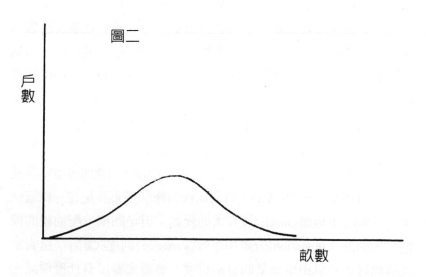

圖二

戶數

畝數

但是產權分配日趨平均化，貧富差距縮小。

　　相反的情形則是財富分配的兩極分化，分配越來越不平均。此時的變化過程是由D變至C，由C變至B，再由B至A，曲線的平均值無大出入，但標準差及離中係數則逐漸擴大。

　　另外一種情形是經濟學家所謂的社會貧窮化。其演變如圖四所示，這個社會由A移至B。貧窮化的特徵是分配曲線的平均值減小，在這同時，標準差與離中係數也顯著縮小。換言之，總體來看，這個社會變得越來越窮困，人民的平均財富大量減少，但是貧富差距縮小，大家幾乎變得一樣窮，即所謂「均貧」的社會，寧可要「寡」，而不能「不均」。

　　相反的情形是當這個社會由B演變至A，社會的總財富大大增加，平均值升高，但伴隨而來的是財富分配日趨惡化，標準差及離中係數皆擴大。許多國家在經濟發展的過程中就曾出現過分配狀況惡化的情形。這時的政策選擇就要視社會上的價值判斷，能不能夠容忍有些人先富起來。

　　比較理想的情形是圖五所示，這個社會日漸富足，由A移至B，在這同時，財富分配未呈明顯惡化之勢。當然，經濟發展若能導致財富分配之改善，則是更理想的經濟發展。

　　以上是假設財富分配多多少少近乎常態分配，然後用最簡化的說明，來區別不同的情況。但在現實社會中，財富分配極少是真正的常態分配，畫成分配曲線會有千奇百怪的形狀。利用絕對量的分配統計，很難直接對不同時空的分配狀況進行比較。這時，我們就常常換用相對的統計概念，來進行比較。我們可以比較一個社會在歷史上不同時點上的財富分配狀況，也可以比較同

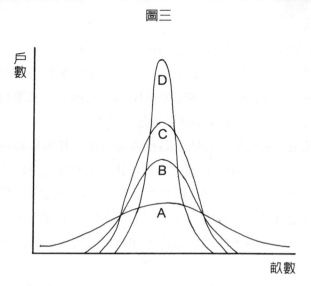

圖三

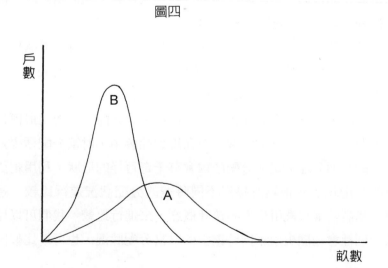

圖四

一時點上不同地區的分配狀況，甚至可以擴大至國際間的比較。這就是利用洛倫茲曲線（Lorenz Curve）及由此導出的吉尼係數（Gini Coefficient,1912年義大利統計學家吉尼首創此法，故以其名紀念之。）

圖六是洛倫茲曲線之繪製與涵義。兩軸都是度量累積的百分比：縱軸是土地面積累積百分比；橫軸是農戶的累積百分比。我們可以將土地產權統計分組排列，組成圖中的幾個點A,B,C……。譬如說，A點代表最窮的百分之十的農戶。因為地權分配不均，這百分之十的農戶所占有的土地一定小於耕地總面積的百分之十，所以A點在對角線之下。B點代表最窮的百分之二十農戶所占有的土地之比重，還是在對角線下，依此類推。在產權分配不平均的情形下，富有的農戶所占有的土地比重較高，所以計算累積百分比時，接近右邊縱軸之點，G,H,……等便越來越靠近對角線。到了最後，百分之百的土地是由全體百分之百的農戶所占有，此點便是對角線右邊的頂點。聯結A,B,C……各點，便構成了代表此案例地權分配之洛倫茲曲線，它凹向下方。這條對角線的直線代表完全平均分配的狀況，那就是：百分之十的農戶占有百分之十的土地；百分之二十的農戶占有百分之二十的土地，依此類推。此時，分配不平均的程度便由洛倫茲曲線與對角線所夾的空間來代表，也就是完全平均分配與不平均分配的差距。兩線所夾空間越大，分配不平均的程度便越大。

既然能用面積來度量分配不平均的程度，我們便可以進一步以一個數字來代表這個不平均的程度，這就是由洛倫茲曲線導出的吉尼係數。圖中兩軸是累積的百分比，全長為百分之百，也就

圖五

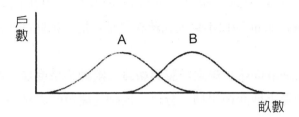

圖六

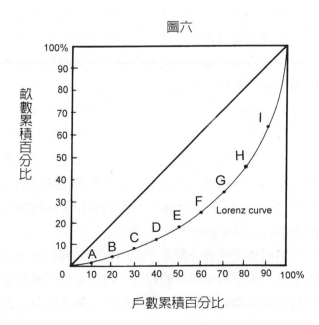

是1，全圖是一個正方形，其面積是1×1＝1，對角線所切割的一半面積便是0.5。這個正方形中的任何一部分面積都是小於1的數字。我們又可以利用此案例的分組分配資料，計算出洛倫茲曲線下方所包含的面積，進一步就可以算出對角線與洛倫茲曲線兩線所夾的空間之面積。由此可以算出吉尼係數，也就是分配不平均程度的指標，其公式如下：

$$吉尼係數＝\frac{0.5-洛倫茲曲線下方面積}{0.5}$$

應該注意的是，洛倫茲曲線與吉尼係數都是相對的統計概念，度量分配不平均的程度。這裡的百分比沒有具體單位，是比率性質，圖中的面積也就沒有單位，吉尼係數也是一個沒有單位的數字，是一個指數(index)，表示分配不平均的程度，其數值在1(完全不平均)與0(完全平均)之間。

使用這種相對概念作分析工具，有其便利之處，卻也容易引起人們的誤解。既然是沒有具體單位的index，我們便可以把大量案例集在一起來進行比較，可以是不同時點上分配狀況的比較，也可以是國際間或不同地區間分配狀況之比較。因為這種相對性質，我們不能直接計算分配的標準差，只能計算其對數標準差(standard deviation of logarithms)，來顯示不同案例的分散程度(dispersion)。

與前述的絕對性分配曲線相對照，若干分析用洛倫茲曲線也可以看出，有的就看不出。簡言之，相對性的變化可以顯示出

來，絕對性的變化就不明顯。一個社會的分配狀況發生變化，洛倫茲曲線就會或上或下移動。如圖七，曲線向上方移動，越來越靠近完全平均分配線，表示分配狀況越來越改善。相反的，如圖八，曲線向下方移動，越來越遠離完全平均分配線，分配狀況惡化。在最極端的例子中，整個曲線不斷向下方移動，最後變成一個點，即右下方角上之點，此時全社會的土地由一個農戶獨占，所有其他農戶都沒有產權。吉尼係數此時就變成1。

分配狀況變化的結果，新的曲線可能與舊的曲線交叉，如圖九所示，由A變成B。此時的分配結構有些變化，新曲線的下半段更靠近完全平均線，而曲線上半段更遠離完全平均線，也就是說貧窮農戶情況改善，而富裕之家則情況不如以前。這時新舊兩個吉尼係數可能沒有顯著變動，是好是壞就要靠價值判斷了。譬如說，一個國家由比例所得稅改制成累進所得稅，而維持稅收總額不變，就可能出現這種局面。

洛倫茲曲線與吉尼係數是相對比較不同的分配狀況，有的讀者可能產生錯覺或誤解。譬如說，有一個村莊有三戶業主，各占地10,000畝、5,000畝、2,500畝；而另一個村莊也有三戶業主，其占有土地量分別是1,000畝、500畝，及250畝，算出的兩個吉尼係數，應該是相同的。這時，相對的比較就掩蓋了絕對量的巨大差異。由此，我們可以知道洛倫茲曲線及吉尼係數無法顯示經濟發展的成果，只能反映經濟發展後所衍生的分配變化。基於同樣的理由，利用洛倫茲曲線及吉尼係數來分析，很容易使人忽視圖四所反映的貧窮化現象，大家都不患寡而患不均，寧可忍受或滿足於「均貧」，而不能容忍讓有些人「先」富起來。

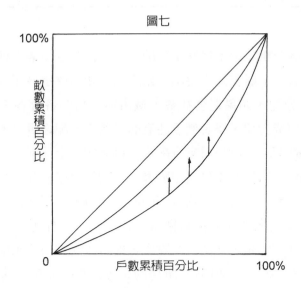

圖七

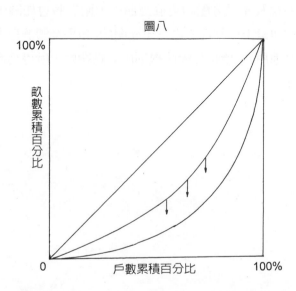

圖八

以上的分析，都是以財富分配爲對象。在工商業不發達的傳統農村社會中，財富的主要項目是土地田產，財富分配可以說是土地產權分配，如果把全社會，城市與農村的各行各業合於一體，做爲研究對象，學者們更注意的是所得分配之研究，分析的結果就更全面。不論是財富分配或所得分配，上述兩套分析工具都可以使用，當研究對象是中國歷史上的傳統農村社會時，我們總算可以找到一些土地產權分配的歷史資料，而毫無任何所得分配資料。幸而所得與財富有極密切的關係，由此可以知彼。不過，值得注意的是，在同一時點上，所得分配總要比土地產權分配來得較平均一些。財富是所得的來源，但不是唯一來源。其次，在社會上多多少少總會存在一些所得再分配的機制，但是很少產權再分配的問題。在分配統計上，我們可以看到許多沒有土地的農戶，但是不會有所得是零的農戶。如果分別畫出所得分配的洛倫茲曲線及產權分配的洛倫茲曲線，兩者將會如圖十所示。產權分配的曲線由橫軸百分之三十處開始(如果全體農戶中有百分之三十的無地戶)；所得分配曲線則由零點開始，所得爲零的農戶無法長期存活。

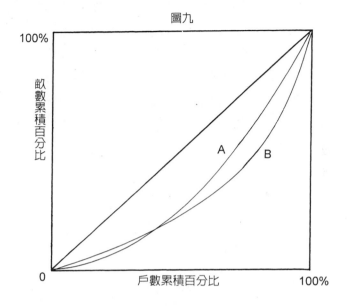

圖九

100%

畝數累積百分比

A B

0 戶數累積百分比 100%

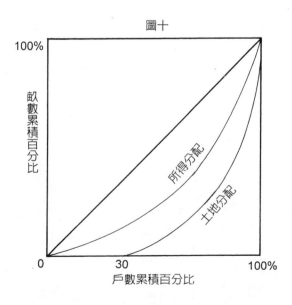

圖十

100%

畝數累積百分比

所得分配

土地分配

0 30 100%

戶數累積百分比

第四章
綜合分析

一、從吉尼係數看

　　要真正瞭解中國歷史上農村土地產權分配實況，不能僅憑意識形態去懸想，必須利用統計資料深入分析，在本書中，我們從各種不同來源蒐集大量的土地分配之具體資料，並且儘可能計算出吉尼係數，因為吉尼係數是一種相對指標，可以把各時期及各地區的分配狀況相互對比。現在把這些吉尼係數羅列於表4-1，按時期先後順序排下來。為了供本書正文便於閱讀，表中只列計算得之吉尼係數，其分組統計表及資料來源則編列在本書附錄。附錄共分五大類，依序排列。

　　附錄A，是北宋初年《太平寰宇記》中的主客戶統計，各道州數字齊全，並由張蔭麟先生整理，計算各州各道的客戶比重[1]。宋

---

[1]　張蔭麟，〈北宋的土地分配與社會騷動〉，載《宋遼金社會經濟史論集》，第一集(香港：崇文書店印行，1973)，頁36-45。

代的主戶是農村中有田產之農戶；客戶則是無田產之農戶。客戶比例就是無地農戶之比重。因爲客戶只是土地分配中的一組，而非全貌，無法計算吉尼係數，故在此僅供參考。

附錄B，是由現存明清官方地籍冊檔中整理出來的土地產權分配的分組統計表，因爲這些冊檔所包含的資料有多有少，故分組組數並不一致，這些冊檔包括魚鱗圖冊，歸戶冊，實徵冊，及編審冊。魚鱗圖冊的土地單位是實畝；歸戶冊及實徵冊在明代是用稅畝，清代的歸戶冊及編審冊的土地單位是田及塘用實畝，地則用「折實田畝」，是實畝的73%。如果地是分佈於各組業戶，則對分組統計的正確性影響不會很大。

附錄C，是國民政府內政部1932年各省耕地分配狀況調查的統計數字，包括17省。調查辦法是採各省各縣政府陳報方式，不過各省造報之縣數多寡不一。多的如河南省101縣，河北省100縣，少的如綏遠省8縣，青海省9縣[2]。好在我們的目的不是要計算各省總耕地面積，只是採用各組農戶的百分比及耕地百分比。包括縣數不全的省份，就權且視爲土地分配的抽樣調查，其統計數字仍然可用。內政部另外也公佈了全國的土地分配分組統計，與其他七個國家的耕地分配加以比較[3]。土地單位都是實畝(市畝)。

附錄D，日本的南滿鐵路調查課在1930年代在華北各地村莊進行過農村調查，其調查結果發表於各期之「滿鐵調查月報」；至1940年代初，滿鐵上海事務所又在江蘇省若干地方進行調查，公

2　《中國土地人口租佃制度之統計分析》，中國經濟史料叢書第一輯第一種(華世出版社印行，1978)，頁72。

3　同上，頁64。

布了「農村實態調查報告」若干篇。現將這些報告中的有關資料編列於此附錄中。土地單位皆為實畝。

　　附錄E，此附錄是收集民國時期各不同研究機構及個別學者所調查的小樣本土地分配資料。土地單位皆為實畝。

表 4-1　中國歷史上地權分配之吉尼係數

時　　　間	地　　　　　點	吉尼係數
北宋天聖年間(1030左右)	全國	0.750
北宋熙寧年間(1072左右)	全國	0.562
明萬曆9年(1581)	安徽休寧縣11.12.15都	0.354
明萬曆9年(1581)	安徽休寧縣11都3圖	0.470
明萬曆9年(1581)	安徽休寧縣15都5圖	0.370
明萬曆9年(1581)	安徽休寧縣27都5圖	0.690
明萬曆9年(1581)	安徽休寧縣27都5圖	0.718
明萬曆10年(1582)	安徽休寧縣27都5圖	0.676
明萬曆20年(1592)	安徽休寧縣27都5圖	0.638
明萬曆30年(1602)	安徽休寧縣27都5圖	0.606
明萬曆40年(1612)	安徽休寧縣27都5圖	0.594
清順治8年(1651)	安徽休寧縣27都5圖3甲	0.006
清順治13年(1656)	安徽休寧縣27都5圖3甲	0.060
康熙元年(1662)	安徽休寧縣27都5圖3甲	0.126
康熙6年(1667)	安徽休寧縣27都5圖3甲	0.136
康熙10年(1671)	安徽休寧縣27都5圖3甲	0.150
康熙20年(1681)	安徽休寧縣27都5圖3甲	0.176
康熙25年(1686)	安徽休寧縣27都5圖3甲	0.172
康熙30年(1691)	安徽休寧縣27都5圖3甲	0.210
清康熙35年(1696)	安徽休寧縣27都5圖3甲	0.222
清康熙40年(1701)	安徽休寧縣27都5圖3甲	0.204
清康熙元年(1662)	安徽休寧縣14都9圖	0.378

時　　　　間	地　　　　點	吉尼係數
清康熙45年(1706)	安徽休寧縣3都12圖	0.340
清康熙50年(1711)	安徽休寧縣3都12圖	0.376
清康熙55年(1716)	安徽休寧縣3都12圖	0.382
清康熙50年(1711)	安徽休寧縣3都12圖(某甲)	0.392
清康熙55年(1716)	安徽休寧縣3都12圖(某甲)	0.356
清康熙55年(1716)	安徽休寧縣3都2圖6甲	0.386
清康熙55年(1716)	安徽休寧縣3都2圖6甲	0.278
清康熙45年(1706)	安徽休寧縣3都12圖	0.340
清康熙50年(1711)	安徽休寧縣3都12圖	0.378
清康熙55年(1716)	安徽休寧縣3都12圖	0.382
清康熙50年(1711)	安徽休寧縣3都12圖(某甲)	0.392
清康熙55年(1716)	安徽休寧縣3都2圖(某甲)	0.395
乾隆26年(1761)	安徽休寧縣13都3圖(某甲)	0.458
乾隆26年(1761)	安徽休寧縣13都3圖(某甲)	0.456
乾隆26年(1761)	安徽休寧縣13都3圖(某甲)	0.470
康熙5年(1666)	江蘇長洲縣下21都20圖	0.784
康熙15年(1676)	江蘇長洲縣18都31圖	0.582
康熙15年(1676)	江蘇長洲縣下21都3圖	0.830
康熙15年(1676)	江蘇長洲縣(某圖)	0.440
同治元年(1862)	浙江遂安縣(某圖)	0.632
宣統元年(1909)	浙江遂安縣(某圖)	0.712
康熙45年(1706)	河北獲鹿縣25甲	0.498
康熙45年(1706)	河北獲鹿縣3社4甲	0.566
康熙50年(1711)	河北獲鹿縣3社4甲	0.610
康熙55年(1716)	河北獲鹿縣3社4甲	0.618
康熙60年(1721)	河北獲鹿縣3社4甲	0.604
雍正4年(1726)	河北獲鹿縣3社4甲	0.648
雍正9年(1731)	河北獲鹿縣3社4甲	0.626
乾隆元年(1736)	河北獲鹿縣3社4甲	0.646
乾隆6年(1741)	河北獲鹿縣3社4甲	0.674

時　　　間	地　　　　點	吉尼係數
乾隆11年(1746)	河北獲鹿縣3社4甲	0.670
乾隆16年(1751)	河北獲鹿縣3社4甲	0.686
乾隆21年(1756)	河北獲鹿縣3社4甲	0.696
乾隆26年(1761)	河北獲鹿縣3社4甲	0.660
乾隆31年(1765)	河北獲鹿縣3社4甲	0.652
乾隆36年(1721)	河北獲鹿縣3社4甲	0.622
乾隆元年(1736)	河北獲鹿縣甘子社1甲	0.574
乾隆元年(1736)	河北獲鹿縣甘子社2甲	0.510
乾隆元年(1736)	河北獲鹿縣甘子社9甲	0.616
乾隆元年(1736)	河北獲鹿縣鄭家莊社2甲	0.726
乾隆元年(1736)	河北獲鹿縣鄭家莊社4甲	0.628
乾隆元年(1736)	河北獲鹿縣鄭家莊社5甲	0.730
乾隆元年(1736)	河北獲鹿縣鄭家莊社10甲	0.752
乾隆元年(1736)	河北獲鹿縣在城社3甲	0.548
乾隆元年(1736)	河北獲鹿縣鎮頭社3甲	0.664
乾隆元年(1736)	河北獲鹿縣方台社10甲	0.622
乾隆元年(1736)	河北獲鹿縣新安社5甲	0.560
乾隆元年(1736)	河北獲鹿縣同治社5甲	0.582
康熙30年(1691)	陝西朝邑縣加里莊	0.299
乾隆16年(1751)	陝西朝邑縣加里莊	0.341
嘉慶14年(1809)	陝西朝邑縣加里莊	0.289
光緒16年(1836)	陝西朝邑縣下魚坡	0.481
雍正7年(1729)	陝西朝邑縣烏牛村	0.361
道光19年(1839)	陝西朝邑縣烏牛村	0.274
雍正7年(1729)	陝西朝邑縣雷村	0.350
乾隆53年(1789)	陝西朝邑縣雷村	0.301
道光24年(1844)	陝西朝邑縣雷村	0.266
光緒2年(1876)	陝西朝邑縣雷村	0.386
道光5年(1825)	陝西朝邑縣廣濟村	0.403
同治5年(1866)	陝西朝邑縣村北社	0.284

時　　　間	地　　　　點	吉尼係數
道光26年(1873)	陝西朝邑縣南韓村	0.237
嘉慶10年(1813)	陝西朝邑縣北韓村	0.441
乾隆元年(1736)	陝西朝邑縣東林村	0.435
同治5年(1866)	陝西朝邑縣營田村	0.276
嘉慶14年(1817)	陝西韓成縣張帶村	0.356
道光某年(？)	陝西潼關縣寺南里	0.234
1928	陝西朝邑縣南北韓	0.294
1932	陝西朝邑縣東林村	0.435
1931	陝西朝邑縣營田村	0.290
1942	陝西朝邑縣營田村	0.232
1928	陝西朝邑縣趙渡	0.476
1942	陝西朝邑縣趙渡	0.440
1920	陝西朝邑縣某村	0.268
1918農商部	全國	0.354
？農民部	全國	0.502
1926土地委員會	全國	0.426
1934土地委員會	全國	0.322
1932內政部	全國	0.376
1932內政部	江蘇省	0.348
1932內政部	安徽省	0.366
1932內政部	湖南省	0.284
1932內政部	山東省	0.292
1932內政部	河南省	0.354
1932內政部	甘肅省	0.374
1932內政部	廣東省	0.352
1932內政部	雲南省	0.422
1932內政部	綏遠省	0.306
1932內政部	浙江省	0.298
1932內政部	湖北省	0.234
1932內政部	河北省	0.330
1932內政部	山西省	0.350

時　　間	地　　點	吉尼係數
1932內政部	陝西省	0.410
1932內政部	青海省	0.546
1932內政部	廣西省	0.492
1932內政部	察哈爾省	0.454
1934內政部	全國	0.390
1929學者調查	江蘇無錫縣	0.516
1936學者調查	江蘇無錫縣	0.492
1948學者調查	江蘇無錫縣	0.438
1930學者調查	山東博平縣	0.032
1931學者調查	河北省	0.190
1931學者調查	山東省	0.154
1931學者調查	河南省	0.222
1930學者調查	河北省43縣242村	0.376
1932學者調查	河北省26縣51村	0.380
1930學者調查	河北省清苑縣	0.214
1936學者調查	河北省清苑縣	0.158
1942學者調查	山東莒南沭水日照	0.444
1949學者調查	河北省京西西黃村	0.586
1932學者調查	江蘇省無錫縣	0.544
1934學者調查	江蘇省常熟縣	0.423
1937學者調查	湖北省咸寧縣	0.587
1938學者調查	四川省江北縣	0.369
1934學者調查	山西省陽高縣	0.618
1934學者調查	山西省平順縣	0.578
1933學者調查	浙江省某縣33村	0.703
1933學者調查	江蘇省4縣28村	0.677
1935學者調查	安徽省14縣	0.565
1933學者調查	雲南省	0.494
1933學者調查	陝西省3縣13村	0.344
1933學者調查	廣西省	0.408
1933學者調查	河南省3縣15村	0.578
1980農戶收入統計	全國	0.084

時　　間	地　　　點	吉尼係數
1986農戶收入統計	全國	0.210

資料來源：見附錄

表 4-2　太平寰宇記中各道客戶比例

地　域	州府數n	平均值x	標準差S	離勢係數V
河南道	35	47	18.6	40
關西道	18	36	15.0	42
河東道	21	25	15.2	76
河北道	30	32	17.4	54
劍南道	23	41	19.4	48
江南道	36	39	17.3	44
淮南道	19	54	14.5	27
山南道	37	58	19.9	34
隴右道	4	64	14.8	23
嶺南道	21	25	20.5	81

資料來源：由附錄A計算而得

二、地區性的差異不顯著

　　有些學者認為中國傳統農村的地權分配，有地域上的差異，歷來都是南方地權比較集中，北方則是自耕農的天下，地主較少。現在我們把已知的地權分配案例都化成可比的吉尼係數(如表4-1)所示，在同一時點上做南北對比，這種地區性的差異並不明顯。這一點從北宋各道的客戶比例已可清楚看出。如果各道的客戶比例有顯著的南北差異，它們應該滿足下面兩個條件。第一，每道中各州客戶比例的標準差(standard deviation)應該很小，表示在同一道內，各州之客戶比例差別不大，有整齊劃一的勢態。第二，南方各道客戶比例平均值高，北方各道客戶比例的平均值則顯著的低於南方。我們現在以「太平寰宇記」的客戶比例(如表4-2)統計數字為基礎，計算出有關的指標。原書共列十道，但隴右

道只含四州，樣本太小，排除不計。餘下的九道，標準差都很高，沒有地域性的一致狀況；而南北各道的平均值卻差不多都很高，沒有學者所盼望的南高北低之明顯差異。

地域性差異不顯著，也可以從表4-1之皖南地區與河北獲鹿縣兩地在清初之吉尼係數看出。在順治康熙年間，安徽省休寧縣各圖各甲的吉尼係數，從最低的0.006到最高的0.718，分散於極大跨度之間；在這同一時期，河北獲鹿縣各甲之吉尼係數徘徊在0.418至0.672之間，雖分散範圍較小，卻也不是整齊劃一。這南北兩地，也不呈顯南高北低之態勢。

主張南北兩地的地權分配有迥異型態最力的是秦暉教授[4]。他特別提出陝西關中地區的情況與蘇州地區相比較，他稱前者為「關中模式」，後者為「太湖模式」，兩者確呈十分尖銳的差異。不過這些差異主要是由於錯誤分類所造成的扭曲，它扭曲了地權分配之統計，也扭曲了南北地區租佃率之統計，然後再加上顧炎武「日知錄」中所說

「吳中之民，有田者什一，為人佃作者什九。」

這句話，似乎完全坐實了這些南北差異。對於這一點，我們應該深入分析一番。

表4-1列有清代關中朝邑地區的12個吉尼係數，這是根據秦暉所收集到的朝邑縣不同村鎮的魚鱗冊計算而得。這12個吉尼係數的平均值是0.336。秦暉又舉出章有義從康熙初年蘇州府長洲縣三

4　秦暉、蘇文，《田園詩與狂想曲》（北京，中央編譯出版社，1996）。

個魚鱗冊所得出的三個吉尼係數(分別是0.784；0.582；0.830)代表太湖模式[5]，相對照比較，但細審太湖模式的原始統計資料，可以發現有嚴重的分類錯誤。

　　第一個問題是如何為族產歸類。蘇州地區族產特別普遍。族產制度最早是由北宋范仲淹創始，蘇州是范仲淹的故鄉，范氏義莊即設於此。吳中本多宗族巨室，紛紛效尤，設立義莊、族田、祠產、祭田等[6]。這些設置是一種民間保險方式，以每年收益救濟敗落貧困的族人，發放義米及冬衣，補助貧苦族人婚喪嫁娶，或是供養義學教育族人子弟。清初是族田制度發展最快的時期，而且集中在蘇州地區。據估計，清代江蘇全省族田占地超過500畝者，僅吳縣長洲兩地就有140多處[7]占田至少在40萬畝以上。所有的義莊與族田都有一項規定——不許典賣，也不會被分家析產所瓜分；另一方面，族田收益有盈餘時可以買田擴充，族人也可以捐贈田地，並入義莊族產。所以義莊與族田是有增無減，占地面積越來越大。

　　現在的問題是，義田與族產是族人共有的「私產」(private)，但不是屬於某農戶個人所有(personal)的產業，在地權

5　秦暉、蘇文，《田園詩與狂想曲》，頁81。所引章有義文是〈康熙初年江蘇長洲三冊魚鱗簿所見〉，載《中國經濟史研究》，1988第4期，頁91-95。我利用章有義原資料重新計算，三冊合併計算，吉尼係數是0.788；三冊分別計算，下21都20圖的吉尼係數是0.784，西18都31圖是0.582，下21都3圖是0.830。

6　張研，《清代族田與基層社會結構》(中國人民大學出版社，1991)，頁55。

7　同上，頁38。

分配統計上應該如何歸類？按理論說，研究農村地權分配，應該只限於農戶完全私有(personal)之田地，而排除合族共有的族產。長洲的冊檔是爲了政府賦役所建立，未能按照我們的需要分類，族產全都包括在冊檔內。這樣就造成嚴重的偏差。義莊與族田規模都很大，便都被歸於大地主一類，所以地權集中的程度偏高。

義莊與族產集中的地區，租佃率也偏高，經營地主很少，租佃地主與佃戶數目相對的多。這是因爲族產是族人共有的產業，沒有眞正的業主，無法出現業主自我經營的局面。族產管理的慣例是由族人公舉一位執事或經理，委託管理，定期輪換。經理人最簡便的管理方式就是分別租給佃戶，很多佃戶也是貧苦的族人，經理人按時按戶收租，做爲族產的收益，故族產義莊集中的地區佃戶較多，少見雇工經營的農場。

另一項扭曲的來源是江南地區盛行的永佃制。永佃制是產權的割裂，承租人擁有土地的永久使用權，稱爲「田皮」或「田面」，原業主擁有田地的所有權，稱爲「田底」或「田骨」。永佃權有多種起源，有的情形是佃農大量土地加工的補償；有的是押金制度轉變而成；有的是鄉俗形成，佃戶在同一塊土地上耕種多年，鄉俗便認可佃戶有長此耕種下去的權利，即「久佃成業」；也有的是業主特意分割其產權，將田皮贈予親友或老僕，讓其永久使用。不論是由何種起源產生，最後的效果都是一樣——承租人的田皮變成一種產權，他可以永久使用，也可以將使用權轉讓、遺贈、出售，田皮有其獨立價值，有市價，而且往往比田底的價值還高。有學者曾將安徽地區的田皮價與田底價做過比

較如下[8]：

	田底價格(兩／畝)	田皮價格(兩／畝)
1693-1707	6.50	2.91
1727-1756	7.62	7.38
1782-1800	10.79	8.49
1802-1807	11.48	9.71
1810-1817	18.01	37.04

　　可見田皮的市價比田底的市價上漲更快，到清中葉，此地區田皮市價已爲田底市價之兩倍。

　　永佃制之實行，造成產權割裂，導致地權分配統計兩種扭曲。地籍之登錄是按田底權登記，握有田底權者是業主，握有承租權者是「佃人」。譬如說現有一塊五十畝的田地，其田底田面分屬兩個農戶，有田底權之農戶雖名列地主，但沒有全業，其產權價值減損很多，甚至不抵二十五畝的全業。而另一方面，握有田面權的農戶被視爲無地農戶，實際他的產權價值很可能超過該地主之產值。

　　永佃制對於租佃率之統計也有扭曲效果，因爲永佃制爲佃農提供一個更有利的經營方式，誘使自耕農變賣其土地，變成佃農。清人李調元「賣田說」一文中已明白指出：

　　　若賣田，計值每畝五十千緡，十畝可得五百千緡，可作壓

8　章有義，《明清徽州土地關係研究》（中國社會科學出版社，1984），頁104。

　　佃，每五千緡可壓田一畝，五百千緡可壓田一百畝，既足
　　食，以免家室之飢寒，又無糧，以免官役之追呼。業主雖
　　與平分，佃者尚餘小半。

簡言之，自耕農可賣掉十畝之田，充作押金，租入百畝土地，而得
其收穫量之一半，是成本最小而獲利最豐的經營方式。惟因有此蹊
徑，江南的自耕農減少，紛紛變爲佃農，租佃率自然偏高。也惟因
如此，田皮的市價竟然漲得比田底的市價更快。這些已取得田皮的
農戶，不必眞正充當佃戶，很多人將田皮轉租出去，自己做「二
地主」。章有義在長洲的魚鱗冊上發現很多這樣的「佃人」，例
如二十一都三圖佃人高文生，在本圖占有田地164.8畝；佃人沈奉
湖在本圖占有田地83.4畝，佃人曾仁在本圖占有田地72.7畝[9]。碰
巧蘇州地權也是永佃權極端普遍的地區，據章有義統計[10]：

	底面分離的田地	佃人占有的田面
下21都20圖	92.3%	91.4&
西18都31圖	96.1%	72.0%
下21都 3 圖	97.3%	82.1%
共　　　計	95.5%	81.4%

享有部份產權的有產農戶，但被登錄爲無地之農戶；只有不到百
分之二十的佃人是眞正無產者。

　　9　章有義，《康熙初年江蘇長洲三冊魚鱗簿所見》，頁90。
　　10　同上。

　　綜合言之，江南地區，尤其是蘇州一帶，有兩項制度造成地權分配統計之極端偏差。族產與義莊之設立嚴重高估了私有田地集中之程度。永佃制一方面高估了地主的產值，將田底權算成全業，另一方面又將享有田皮產權者列爲無地之戶產，嚴重誇大了地權分配曲線的左邊尾端(無地戶)。要調整這兩項嚴重偏差十分不易，尤其是永佃制所造成的偏差，據章有義計算，長洲地區百分之九十五‧五的田地都是底面分離的。我們姑且利用章有義利用過的長洲魚鱗冊，粗糙的重新計算一番。把底面分離的田地分列爲二，業主與佃人各占一半。當然這樣劃分不能完全吻合當時的田底田面之實際比價，但這是無可奈何最簡便的調整方法。下面表4-3是重新計算得出的三個產權分配統計表。

表 4-3　下二十一都二十圖地權分配修正後之統計分組

戶　　別	戶數	%	土地(畝)	%
0-2.49畝	234	59.1	170.339	7.9
2.5-4.99畝	58	14.6	199.449	9.2
5-9.99畝	46	11.6	312.556	14.4
10-14.99畝	28	7.1	339.037	15.6
15-19.99畝	2	0.5	38.925	1.8
20-24.99畝	2	0.5	42.469	2.0
25-49.99畝	22	5.6	739.687	36.6
50畝以上	4	1.0	269.972	12.5
合　　計	396	100.0	2,166,434	100.0

　　由此項因素造成的扭曲十分嚴重，必須加以修正。可惜章有義當年所據以統計的長洲三冊魚鱗冊皆已遺失，我們只能根據章

文中所透露的線索，加上一點我們的假設與判斷，進行推估田皮
產權的分配。現以長洲下二十一都二十圖為例，章文所列該圖田
骨地權分配統計見表4-4：

表 4-4　康熙五年長洲縣下二十一都二十圖田骨地權分配

戶　　別	戶　數	%	土地(畝)	%
無地戶	177	47.2	0	0
不足5畝	117	31.2	170.339	7.9
5-9.99畝	29	7.7	199.449	9.2
10-19.99畝	23	6.1	312.556	14.4
20-29.99畝	14	3.7	339.037	15.6
30-39.99畝	1	0.3	38.925	1.8
40-49.99畝	1	0.3	42.469	2.0
50-99.99畝	11	2.9	739.687	36.6
100畝以上	2	0.6	269.972	12.5
合　　計	375	100.0	2,166.434	100.0

現在我們增加對該圖田皮產權估計如下：

(1)由於缺乏資料，我們不能依市價來計算田皮價值，為了便
於計算，我們假設田皮與田骨等值，一畝田皮等於一畝田骨，這
樣就便於將田皮畝數與田骨畝數相加，求田地產權總量。大部份
時間，田皮及田骨市價相差不大，在有清二百多年，兩者的平均
價大約也是相等。事實上，在許多訟案中，地方官署就是判定田
皮田骨等值。

(2)該區有167畝田地是皮骨合一的田地，占農田總面積
7.7%，又據表中所列之統計，不足5畝的農戶比重是7.9，共占有

田地170畝。我們假定這兩類是重合的，換言之，皮骨合一的田地就是這些占地不足5畝之小自耕農的田產。他們的綜合產權價值是田皮加田骨的總量，即170+170＝340畝。

(3)該區全部農田的91%左右是佃戶享有的田皮，估計有144戶田皮佃戶，共占有1971畝田皮。於是章文中所列177戶無地農戶中144戶是有田皮產權之農戶，只有33戶是真正無產農戶。

(4)這144戶田皮農戶平均每戶有田皮13.7畝，不算很多，現分配如下：

戶　　別	戶數	每戶田皮	共占田皮
不滿5畝	19	4畝	76畝
5-9.99畝	40	8畝	320畝
10-9.99畝	55	15畝	825畝
20-29.99畝	30	25畝	750畝
合　　計	144		1971畝

以上的推估與現藏東京大學東洋文化研究所之康熙十五年蘇州府長洲縣西二十二都二圖璧字圩魚鱗冊所載之佃戶耕地分配比率(分組)絕相類似[11]。兩冊是同時同地的，於是大大增加了我們對上述推估之信心。將這些估計數與表21-3相結合，便構成該區

---

11 樂成顯《明代黃冊研究》，頁452-454。璧字圩魚鱗冊只列58戶業戶及76戶佃戶，做為樣本略嫌太小。佃戶承租之耕地占全圩總耕地面積95.4%，佃戶分組所占耕地比例是：

不滿5畝　　　14%
5-10畝　　　　20%
10-20畝　　　35%
20-30畝　　　21%
多於30畝　　　9%

田骨田皮綜合地權分配統計表（表4-4）。全區共375戶，其中33戶
沒有田骨也沒有田皮，144戶有田皮而無田骨，198戶有田骨或皮
骨兼有。田皮加田骨產權總畝數為4253畝，比田骨多出將近一
倍，也就是說，90%以上是皮骨分割的耕地。

　　表4-5是該地區地權分配的全貌，與表4-3相比較，可以得出三
項重要啟示。

表 4-5　長洲縣下二十一都二十圖皮骨綜合地權分配

戶　　　別	戶　數	%	耕地(畝)	%
無地戶	33(＝177-144)	8.8	0	0
不足5畝	136(＝177+19)	36.3	416(＝170+170+76)	9.8
5-9.9畝	69(＝29+40)	18.4	519(＝199+320)	12.2
10-10.99畝	78(＝23+55)	20.8	1138(＝313+825)	26.8
20-29.99畝	44(＝14+30)	11.7	1089(＝339+750)	25.6
30-30.99畝	1	0.3	39	0.9
40-49.99畝	1	0.3	42	1.0
50-99.99畝	11	2.9	740	17.4
100畝以上	2	0.5	270	6.3
合　　　計	375	100.0	4253	100.0

　　第一，略去田皮產權不計，會給人一個極度扭曲的印象。這
種扭曲的印象由來已久，顧炎武說蘇中有田之人十之一，無田而
佃耕的人十之九，即是典型代表。顧炎武所謂的田地之有無即是
專指田骨而言，田皮產權則完全拋開不計。從該地區的魚鱗冊來
看，顧炎武所說的一點也不錯，正如章有義文中的原始統計所證

實。從表4-3中可以計算出該地區耕地分配的吉尼係數是0.784。此係數相當高，是清代各地土地分配吉尼係數最高者。因此，大家一致公認蘇南地區，尤其是蘇州府各縣，是土地分配最不平均的地區。秦暉教授提出此點與關中地區相比，關中地區31項地權分配統計之吉尼係數平均只有0.351，尚不到長洲吉尼係數之一半，相差懸殊。現在可以看出，所謂「太湖模式」是從不全面的統計資料計算而得。這扭曲的主要因素就是在永佃制下田皮與田骨兩層產權之分割。田皮是一項產權，不應該被略去不計。從表4-5的統計資料，重新算出的吉尼係數是0.398，是皮骨兩項產權合併統計的結果，只有原來地權分配的吉尼係數之一半，超量的一半是資料所造成的扭曲。0.398之數並不比關中的平均吉尼係數高許多。與華北其他各地相比較，蘇南地區的地權分配也算是比較偏低的。太湖模式的說法是不能成立的。

第二個重要啟示是，永佃制出現以後，田皮可以買賣，確是為低下農戶提供了一個土地投資的捷徑，農戶可以用較少的代價買進產權，自由獨立經營。這也指明貧下農戶應該如何合理分配手中有限的資源。上面表中顯示，皮骨合一的業主都是小自耕農，平均占有田地不足5畝，這樣生活會十分艱苦，因為他們把全部資源投放到農地上，保有皮骨合一的產權，但規模卻很小，不足5畝。如果把家中資源放在較低廉的田皮上，經營規模就會大許多。田皮農戶的平均規模是13.7畝。這正說明李調元的看法是正確的，不如把田賣掉，去買田皮當佃農，也同樣說明蘇南地區很多

村莊爲什麼都變成了佃農村[12]，佃耕土地占農地90%以上。

　　第三，以上的分析也證明了方行先生「佃農中農化」的說法是正確的[13]。因爲有了土地投資的捷徑，貧下農戶有機會更合理分配手中有限的資源——不必把資金全部投放在農地上，可以用一部份購置更齊備的農具或耕畜，所以田皮農戶可以更快的向上發展。也因此，田皮市場更看好，田皮價格會超過田骨價格。從表4-3及表4-4的資料中可以算出，田骨所有人的平均規模是10.9畝（＝2166畝÷198戶），而田皮戶的平均規模是13.7畝（1980÷144）。蘇南地區的佃農普遍比自耕農富裕，甚至比某些握有田骨的地主享有更多的財產。

　　進行地區與地區間的橫剖面（cross-section）比較，可以發現有兩種現象。我們可以想像，有些地區具有獨特的因素影響其地權分配，如果橫剖面之比較是大單位地區間的比較，如像北宋各路之間的客戶統計，有大數法則的作用，好的與壞的，高的與低的，往往會扯平，就看不出地區性獨特因素的結果。但如果是進行小單位之間的橫剖面比較，沒有大數法則的扯平作用，地區性獨特因素就比較突顯。河北獲鹿縣留下許多清初的編審冊，它們是以甲爲單位，每甲由一百多戶到四百多戶不等。我們選出乾隆元年（1736）爲案例，比較各甲之吉尼係數。該年共存留12個甲的編審冊，它們是集中於甘子社及鄭家莊社兩個小單元。現將它們的吉尼係數表列於下：

12　曹幸穗，《舊中國蘇南農家經濟研究》（中央編譯出版社，1996），
　　頁44。

13　方行，〈清代佃農的中農化〉，《中國學術》2000年2期。

甘子社		鄭家莊社	
1甲	0.574	2甲	0.726
2甲	0.510	4甲	0.628
9甲	0.616	5甲	0.730
		10甲	0.752

每一個社之各甲的吉尼係數頗一致，但兩社之間的地權分配則有很明顯的差異。我們對這兩個社的地理環境及當年住戶歷史與現況沒有具體資料，無法判斷是什麼地域性獨特因素造成這種結果。

地權分配統計之偏差尚能調整，而租佃率統計之偏差則無法調整，因為江南地區佃耕之農戶多，自耕農及自營地主較少，並不全然是統計分類的問題，在某種程度上也是農戶實際的選擇。例如清人「賣田說」一文中之舉例，永佃權之發展為農戶提供了一個更有利的經營方式。自耕農將田產賣掉，而去繳納押金租種地主之土地，或是買進一些田皮，擴大規模經營，這是農戶仕新誘因出現後的轉變，是自願的選擇。

此外，南方與北方市場網絡發達的程度，也影響到農戶是否自我經營的選擇。地主將田地出租給佃戶，收取實物地租，無論是小麥、稻米或其他穀物，都是單一種類，最多擇定兩種穀物；然而地主戶的消費則是多樣性的，需要各種各樣的消費品。他們只能將實物地租的一部分拿到市場上去交換各種各樣必須的消費品。所以實行租佃制的先決條件就是要有普遍而便利的市場網絡。各地有了市場，但發達的程度不同，影響到交易成本之多

寡，於是影響到農戶對於自營與租佃經營方式的抉擇。地租之單
一性與消費多樣性之矛盾，是中外農業制度史上都遭遇過的難
題，也正是西歐封建制度創始之初不得不採行的低效率與高交易
費用的莊園制的原因。羅馬帝國時期各地的市場被入侵蠻族所摧
毀，受封的領主不得不採取自給自足的經營方式，在莊園中驅使
農奴操作，此外別無選擇。後來，各地市場逐漸恢復，領主們便
放棄自給自足的莊園制，改採較高效率的租佃制，研究西歐封建
史的學者清楚的指出這種變化[14]。

> 封建地產的規模不經濟，不僅僅是占地數量巨大的問題，
> 更與其本身性質有關。……從生產經營上看，只追求一時
> 的產出，不計較成本，浪費，低效率和粗放是其特色。但
> 是，隨著商品經濟的發展，商品交換日趨活躍，封建主開
> 始考慮自己的貨幣和實物收入，進而選擇對自己更有利可
> 圖的經營方式，於是便將土地由自營轉向出租。中國自宋
> 代開始，租佃制即已占土地經營的主要地位，英格蘭自十
> 四五世紀後，地產自營經濟開始瓦解，自營地的出租成了
> 趨勢。

十四五世紀英格蘭的封建領主之考慮，也正是華北地區農戶們的
考慮，只是程度不同而已。中國自秦漢以來，各地已有市場出

14　馬克垚編，《中西封建社會比較研究》（學林出版社，1997），頁
　　89。

現，但各地市場發育程度不齊，從唐宋以來，是南方的市場比北方發達，到了明清，這種南北的落差變得更明顯而深刻。北方的農戶不是沒有市場來提供商品交換的機會，而是便利的程度不夠，交易費用有高低之別，於是許多華北的農戶還是選擇自營方式，來減少交易費用。

到了清代，江南已經發展出密集的市場網絡，彼此間距很近，而且是常設的市場；北方則否，市場網絡稀疏，彼此間距很長，而且都是定期聚集的市集，最普通的是每五日聚集一次，很多還要長於五日一集。據學者研究[15]，在廿世紀初，江南地區平均每千平方公里有市鎮27.8個，市鎮間距為6公里；華北地區平均每千平方公里有市鎮5.2個，市鎮間距為14公里。江南地區市鎮密度為華北地區的5.3倍。很明顯，兩個地區農戶進行市場交換的交易費用會有很大的懸殊，華北農戶願意自營，是可以理解的。

總之，南北土地集中的程度懸殊與租佃率之高低，在性質上不完全相同。土地分配之南北差異，在很大程度上是定義與統計分類不當所造成的，而租佃率之差異則有一部份真實性。當我們把長洲魚鱗冊之偏差調整以後，太湖模式與關中模式的歧異就已消失，至少是大大縮小。如果將秦暉所舉之朝邑地區清代魚鱗冊的吉尼係數與長洲以外地區相比較，也可以得出同樣的結論。表4-1中列有清代陝西朝邑縣的12個吉尼係數，這是秦暉關中模式的立論基礎。這12個吉尼係數的平均值是0.336。在同一表中，我們

15　龔關，〈明清至民國時期華北集市的比較分析〉，《中國社會經濟史研究》，2000年3期，頁30-35。

也羅列了清初安徽休寧縣的18個吉尼係數，其平均值是0.334。兩者幾乎全同，毫無軒輊，看不出南高北低的痕跡。

表4-1中還列有廿世紀三十年代國民政府內政部調查的17省的土地分配統計。其江南與華北兩區域的吉尼係數如下：

江南		華北	
江蘇	0.348	河北	0.330
浙江	0.298	河南	0.345
安徽	0.366	山西	0.350
三省平均	0.337	陝西	0.410
		四省平均	0.358

江南三省吉尼係數的平均值是0.337，而華北四省吉尼係數的平均值是0.358。兩者也沒有顯著的高下之別。內政部的土地分配資料是由各省之地方政府呈報的數字，我們無法詳細檢查其原始資料的可信性。幸而我們還可以找到滿鐵的調查數字。南滿鐵路調查課三十年代在華北若干村莊做過很仔細的農村實態調查；在四十年代初，又在江蘇省做過類似的調查，前後均有詳細報導，調查方法與統計定義也是前後一致。現將滿鐵調查報告求得的吉尼係數比較如下（見表4-1）：

江南江蘇五個村莊，吉尼係數平均值0.449
河北及山東25個村莊，吉尼係數平均值0.588

雙方數字頗有差距，但卻是南低北高，並不符合太湖模式與關中模式之對照。

三、地權分配的變動

恩格斯在「法蘭克時代」中論證過，土地一旦變成商品，可以自由買賣，必然導致土地兼併。土地變成商品後，地權分配便越來越不平均，土地日益集中於少數人手中。恩格斯認為這是確定不移的社會規律。這個經典理論後來就形成為基本教義的一條，中國歷史從秦朝開始土地就可以自由買賣，有兩千多年的歷史，很多史學家便根據這條經典理論認定的社會鐵則，發揮下去，認為中國兩千多年的土地分配史就是一部土地兼併史。這就是章有義所謂的「永遠集中論」與「永遠兼併論」。首先，這裡就有一個邏輯問題，世界上可不可能有一個運動體永遠朝著一個方向做單向運動？如果是這樣，我們能夠想像到它最後的結果？

事實上，這應該是一個實證檢驗的命題，僅憑經典教義的一句抽象陳述，就一直發揮下去，是太貧弱一點。我們需要地權分配統計資料來檢驗，然後再下結論。

如果選一個時點，來檢視橫剖面，無論是南方相對於北方，或是一個縣中的各都各甲，都看不出任何顯著的地區性之差異。北宋如此，明清時期如此，民國時期也如此。如果我們選定一個縣，一個都，或是一個甲，檢視在同一地點但在不同年度中的地權分配，其吉尼係數就構成一個時間序列(time series)，從這些統計數字上卻可以很清楚的看出地權分配的波動及變化。而且，吉

尼係數在時間過程中之上升或下降，都可以找出背後推動的經濟
因素，也就是地權分配變化的動力，具有重大的經濟與社會涵
義。民國時期的土地調查報告，都是單一年度的，無法構成時間
序列；但是明清的地籍冊檔則是按政府規定，每隔若干年編製一
次，長期連續下來。從現在保存下來的明清實徵冊、歸戶冊、編
審冊，我們獲得下列四個時間序列：

（一）河北獲鹿縣三社四甲共有十四年度的地籍紀錄，從康熙
四十五年到乾隆三十六年，包括65年(1706-1771)的跨度。

（二）安徽休寧縣二十七都五圖明萬曆十年至四十年，共四個
年度的地籍紀錄，跨度有30年(1582-1612)。

（三）安徽休寧縣二十七都五圖三甲，有10個年度的紀錄，從
順治八年到康熙四十年，包括50年(1651-1701)跨度。

（四）安徽休寧縣三都十二圖，共有3年紀錄，從康熙四十五年
到五十五年，包括10年的跨度(1706-1716)。

除了這四個完整的時間序列，我們還可以拼湊許多零星的有
關資料，觀察從北宋到民國時期中國傳統農村地權分配的長期變
化趨勢。以下三章將詳細分析地權分配短期變化與長期演變。

第五章
農村分化

　　農村分化是表示，一個農村的財富分配，原來是相當平均，農戶占有的土地數量大體相同，沒有太明顯的貧富差異，但是經過一段時間，這種平均分配的狀況被打破，有的農戶財富增加，有的農戶財富減少，出現相當程度的貧富差異。所謂的分化，就是貧富分化。用第三章的圖三來說明，農村分化就是農村的財富分配曲線由D變成A，曲線仍是單　狀況，但兩端卻已經向外延伸，貧戶與富戶都在增加。如果用洛倫茲圖形來解釋，農村分化就是原來幾乎與對角直線重合，現在則逐漸與對角線漸離漸遠。如果換算成吉尼係數，則原來是幾近於零，現在逐漸增大，向一接近。

　　國內學者喜歡用「兩極分化」或「兩極化」之詞來說明，這是將上面所說的農村分化極端化了。在概念上，分配曲線出現了前後兩個　端，兩　之間則較平坦，而且右　低，左　極高，如像經常有人說的，百分之九十幾農戶沒有田地，而田地集中在百分之幾的地主手中。換成洛倫茲曲線，則是貼近底線及右側邊線，成近似直角形，其尖端靠右下角的頂點，換算成吉尼係數，則已接近一。兩極分化是極端情形，在存在私有財產制及自由市

場的社會，這種極端分配狀況，絕難出現，更不用說要長期延續兩千多年。但是這種說法卻十分吻合董仲舒所說的「富者田連阡陌，貧者無立錐之地」的煽情說法。所以兩極分化的理論模式，其政治意義雖然強烈，卻沒有任何實證研究的價值。更具體的說，常態分配曲線之所以被稱爲常態，就是其中間的尖　永遠不會消失。農村中的地權是經常在變動轉移，但這種運動是多方面的運動，經常自動恢復其常態分配狀況。固然中農會喪失土地而淪爲無地之貧農；然而富裕農戶也會有人家道中落；貧農力田致富，買進田產變爲中農。這種多方向運動，大家都可能動，就像搬莊換位，今天你做莊，明天我做莊。

要實證觀察農村分化，我們應該先找出分化的出發點。所謂出發點是指原來接近平均分配的狀況，然後產權轉移，形成貧富差異。我們可以從現有的實證資料，觀察三個出發點及其隨後之分化過程：(一)墾荒運動之後續發展，(二)朱學源戶之分家析產，(三)1980年包產到戶後的分化過程。

一、墾荒運動之後續發展

中國的農業資源並不豐富，耕地少而人口多，從宋代開始，人口增加之步伐加速，宋、明、清每朝都有鼓勵墾荒的政策與措施。所謂荒地有兩種情形，一種是鼓勵民間私人墾種邊陲地區之處女地，稱爲「生荒」或「原荒」；另一種是原爲農業區之熟地，但因戰亂及天災，原業主死亡或離鄉逃亡，留下田地無人耕種，稱爲「拋荒」，政府鼓勵他人去復耕，並授予產權。北宋太

宗至道元年(995)六月有詔[1]：

> 近年以來……民多轉徙……應諸道州府軍監管內曠土，並
> 許民請佃，便爲永業，仍免三年租調，三年外輸稅十之三。

客戶墾種無主荒田曠土，最初三至五年免納課稅，免稅期過後，
稅率也比普通田地低。這種鼓勵開荒政策在1023年以前，多次下
詔，頗見成效。至於耕種原荒，亦比照此種鼓勵辦法。此類開荒
活動，面積比較大，多在邊陲地區。墾荒農戶都變成自耕農主
戶。故北宋的客戶統計顯示邊陲地區的客戶比例較低。宋時強敵
在北方，開荒轉徙之客戶都向南方發展。據宋「太平寰宇記」之
記載，在宋初的十道中嶺南道的客戶比例只有20%，爲諸道最低
者[2]。嶺南道中有六個州的客戶比例小於10%，即春州(3%)、韶州
(9%)、南雄州(8%)、新州(2%)、雷州(5%)、崖州(3%)。

　　明初亦循例獎勵私人開墾，除授予產權外，並免稅三年，洪
武年間即有多次詔令[3]：

> 三年三月「召民耕，人給十五畝，蔬地二畝，有餘力者不
> 限頃畝，皆免三年稅」。
> 十三年「令各處荒閒田地，許諸人開墾，永爲己業，俱免

1　《宋大詔令集》，卷182。
2　張蔭麟，〈北宋的土地分配與社會騷動〉，《中國社會經濟史集
　　刊》，六卷一期。
3　李劍農，《宋元明經濟史稿》(文心圖書公司，1957)，頁201。

雜泛差徭，三年後並依民田起科。」

廿八年「詔戶部言，百姓供給，繁勞有年，山東河南民，除
入額田地循舊科徵外，新開荒者，無論多寡永不起科。」

自是每歲中書省奏天下墾荒畝數，少者以千計，多者至二十餘
萬。明清之交，經過數十年大規模的戰亂，又出現了大量拋荒之
地，清初的順治康熙年間，再度恢復墾荒高潮。

每次墾荒運動都是土地的再分配。墾荒者只能就其力所能及
開墾，都是自耕農，每戶占地不多，拋荒之地很快都被人占為己
業，土地再度成為稀缺要素，於是在土地市場上轉手買賣，新的
分化過程開始。

有學者找到一套清初安徽休寧縣二十七都五圖三甲稅糧編審
冊，包括順治八年(1651)至康熙四十年(1701)各年度本甲各戶現
有耕地面積的詳細紀錄[4]。我們將這些資料列於表5-1，然後計算前
後四年的吉尼係數(Gini Coefficient)，來具體顯示該地區地權分配
的變化過程。各年的吉尼係數如下：

順治八年(1651)　　　0.006
康熙六年(1667)　　　0.136
康熙二十年(1681)　　0.176
康熙四十年(1701)　　0.204

4　欒成顯，《明代黃冊研究》(中國社會科學出版社，1998)，頁287-
　　289。

從這些係數可以清楚看出，順治八年的地權分配是幾乎絕對平均，只有0.006。原冊紀錄顯示絕大多數農戶(64%)只占10-30畝的耕地。這是戰亂之後人民墾荒的結果，農戶都是自耕農，耕種一片力所能及的農場。這些開荒者都是「新立戶」，在順治八年，冊中新立戶最多。這以後農村開始分化，占地10-30畝的中等農戶比重漸減，占地50畝以上的農戶漸增，經過50年的分化過程，該甲地權分配之吉尼係數不斷上升，終於超過0.20。

表 5-1　安徽休寧縣二十七都五圖三甲農戶占地額分組表

農戶占有耕地面積分組	順治八年(1651)		康熙六年(1667)		康熙廿年(1681)		康熙四十年(1701)	
	農戶百分比	占地百分比	農戶百分比	占地百分比	農戶百分比	占地百分比	農戶百分比	占地百分比
0-5畝不滿	15	1	13	1	8	1	13	1
5-10畝不滿	8	2	3	1	13	3	9	2
10-30畝不滿	64	57	49	31	45	32	38	25
30-50畝不滿	10	19	23	33	19	24	21	26
50-100畝不滿	0	0	10	20	11	22	17	37
100畝以上	3	21	2	14	4	18	2	9

資料來源：欒成顯《明代黃冊研究》，頁287。

二、朱學源戶分家析產

　　中國的傳統繼承法是諸子均分財產，不論是田地或是家中其他財物，都是由依法繼承之各房，事先平均分成若干份，各房當眾拈鬮決定獲得那一份，此後各房獨立經營其所獲之田產，善於經營者財富漸增，不善經營者便趨沒落。按理說，這正是分化的起點，可供觀察分化之過程。但是，每家分家析產時不過只有三房五房依法繼承，觀察之樣本太小，分化之結果可能受偶然因素所左右。幸而皖南地區留下的明清地籍資料中有一個朱學源家分家析產案例[5]，提供一個較大樣本供吾人觀察分化過程的微觀面貌。

　　這套資料是有關朱學源一家歷年的納稅資料見表5-2，5-3。朱學源一家是所謂的「匠戶」，隸屬於匠籍，明代的匠籍是承襲元朝「系官匠戶」制度而來。到南宋時，中國的工藝技術已達於全世界最先進的水平，蒙古人征服南宋後，特別重視這批技術工匠。蒙古人曾經很殘酷的屠殺中原百姓，但卻對工匠及其家人另眼看待，特加保護。為了怕工匠流失或轉業，把他們編入一個特殊戶籍中，稱系官匠戶，以與一般民戶相區別，而且嚴加管制。匠戶代代相襲，不得轉業，也不許分家。匠戶子女也不許與民籍子女通婚，以防籍婚配而脫離匠籍。明太祖朱元璋開國後，依照元朝舊制，維持匠籍制度及其嚴格管制辦法。匠戶又按居住地

　　5　欒成顯，《明代黃冊研究》，頁407-408。

點，分爲住坐匠及輪班匠，後者每年定期前往京師服匠役。後來
明政府鑑於各地輪班匠遠途跋涉赴京應役，人力浪費至鉅，乃改
爲輪班匠納銀代替輪班應役，也就是向工匠人員徵收一種特別
稅，以所入另雇工匠。到了嘉靖四十一年（1562），全國工匠全改
爲納銀制度，到了隆慶六年（1572），對於匠籍的管制開始放鬆，
匠戶可以改業務農，也可以購置田產。朱學源出生於嘉靖四十一
年，其父名朱清是戶主，至萬曆二十年（1592），朱學源已年滿三
十一歲，繼其父朱清擔任戶主，雖然名義上仍身列匠籍，但已可
以合法轉業務農，並按一般民戶辦法分家析產，析產後各房算是
戶主名下的子戶。各子戶可以獨立經營其田產。萬曆三十年
（1602），此匠戶已發展爲一個大戶，共分了50個子戶之多，每一
子戶有其獨立的田產紀錄。

表 5-2　萬曆四十年朱學源戶稅糧表

子戶姓名	麥（石）	米（石）	米麥合計（石）
乾成	1.58	3.40	4.98
奇成	0.34	0.81	1.15
廣成	0.62	0	0.62
貞明	0.55	1.27	1.82
啓明	0.27	0	0.27
和成	0.85	1.89	1.74
端務	0.04	0.09	0.13
積強	0.46	1.16	1.62
春成	0.43	1.04	1.47
夏成	0.87	2.11	2.98
涌成	0.09	0.20	0.29
汲成	0.29	0.69	0.98

子戶姓名	麥(石)	米(石)	米麥合計(石)
冬成	0.12	0.20	0.32
元成	0.25	0.56	0.81
滔成	0.05	0.11	0.16
通成	0.05	0.11	0.16
淳成	0.13	0.32	0.45
玄成	0.11	0.22	0.33
定成	0.09	0.19	0.28
章成	0.09	0.20	0.29
元孫	0.31	0.66	0.97
三元	0.02	0.05	0.07
尚義	0.03	0.06	0.09
學八	0.07	0.10	0.17
廷杰	0.03	0.06	0.09
廷倫	0.05	0.10	0.15
廷仁	0.66	1.82	2.48
永壽	0.07	0.14	0.21
文成	0.04	0.08	0.12
禮成	0.13	0.31	0.44
穩	0.01	0.02	0.03
文元	0.01	0.01	0.02
老門	0.05	0.11	0.16
應成	0.05	0	0.05
六得	0.01	0.01	0.02
道成	0.00	0.01	0.01
漢	0.01	0.01	0.02
朝大	0.03	0.07	0.10
莊	0.01	0.04	0.05
員保	0.03	0.08	0.11
鏡成	0.07	0.10	0.17
仲旻	0.05	0.07	0.12
十成	0.09	0.11	0.20

子戶姓名	麥(石)	米(石)	米麥合計(石)
存麟	0.06	0.10	0.16
正暘	0.10	0.20	0.30
正苹	0.01	0.02	0.03
存仁	0.01	0.01	0.02
玄智	0.04	0.06	0.10
戶莊	0.02	0.06	0.08

資料來源：欒成顯，《明代黃冊研究》（中國社會科學出版社，1998），頁407-408。

表 5-3　萬曆四十年朱學源戶子戶稅糧分組表

子戶納稅糧額(石)	戶數	百分比(%)	納稅糧量(石)	百分比(%)
0.01-0.50	37	76%	5.96	21.6
0.51-1.00	4	8	3.38	12.3
1.01-1.50	2	4	2.62	9.5
1.51-2.00	3	6	5.18	18.8
2.01-2.50	1	2	2.48	9.0
2.51-3.00	1	2	2.98	10.8
1.00以上	1	2	4.98	18.1
合　計	49	100%	27.58%	100%

　　表5-2及表5-3就是這些子戶分別在萬曆四十年(1612)繳納稅糧紀錄。按原冊，每子戶要繳米麥兩種，我們為計算簡便，將兩種穀物以一比一之數合併計之。表5-3是各子戶納稅額多寡之分組表。納稅額與田地占有量大體有固定比例關係，故表5-3可代表各子戶地權分配表。如果這些子戶沒有農產品以外之收入，則表5-3也可視為所得分配表。

　　從這兩個表中，我們可以看出農戶分化的過程，五十子戶(實際列於冊中的只有49個子戶)，算是不太小的一個樣本，相當於一

個村落，或半甲之大小。值得注意的是，這是一個最純粹的樣本，一切天災人禍的影響都被排除，或者說對這五十個子戶的衝擊是相等的，朱家各子戶的分化完全是受經營能力之差異所決定。

有兩點值得注意，這五十子戶的土地加總，在萬曆二十年是305畝，十年後，也就是萬曆三十年，增加到420畝，再過十年，也就是萬曆四十年（1612），共有800多畝。足見分家析產以後，各子戶都注入了活力，格外努力，頭十年，田產共增加38%（＝420-305/305），而第二個十年，則加倍努力，田產增加90%（＝800-420/420）。其次，我們看萬曆四十年的結果，納稅最多的朱乾成子戶，共納米麥4.98石，而最窮的一家是朱道成，共納米麥一升，兩者相差近500倍，可見分化之快速。我們根據表5-3分組統計，可得出朱學源戶在萬曆四十年的吉尼係數是0.408。廿年中已出現了這麼深的分化了。

三、包產到戶

我們的第三個案例更饒有興趣，那就是1980年開始全國實行的包產到戶制度，其實包產到戶的根苗可以追溯到1960年代。中國農村在五十年代推行合作化運動，但不出五年就進入公社制度，農民已經完全喪失工作興趣及積極性，耕田種地「大呼隆」，於是到了六十年代初，農業生產瀕臨崩潰。此時就有人提出包產到戶的辦法，來解救危機。然而此項建議並未能獲得中央的同意，雖然有些地區偷著小規模的試行過，卻一次次的被政府

嚴格取締。直到1979年包產到戶的建議再次被提出，才真正得以實行。也就是真正回到家庭經營的方式。

這一次的農村制度改革頗有戲劇性。1978年秋，安徽遇到了歷史上罕見的特大旱災，秋種無法進行，鳳陽縣小崗村的生產隊長嚴宏昌領著村民，想法死裡逃生，秘密協定，包產到戶。因為這是違反當時的制度與政令的，受處分的風險很大，於是全體隊員在紙上立下誓言，捺上血紅指印，保證對外不洩漏秘密。就是這種旺盛的工作意願，完成大旱後的生產任務，救了小崗村全體人命。然而這種神奇的功效是無法保密的，消息很快傳開，全國各地農民自發自動的改行各種不同方式的包產到戶制度。此時中央的態度也隨之有所改變。鄧小平在1980年5月31日的講話，同意把「農村政策放寬」，於是到了1982年夏季，全國農村便都實行了包產到戶的基本形式。

在全國廣泛推行家庭聯產承包責任制的1979-1984年間按不變價格計算的農業總增長率和年均增長率，分別達到42.25%及6.05%。這不但是1949年以來農業增長最快的時期，而且在全世界的農業史上也是前所未見的高速增長紀錄。

就在這短短的幾年中，農村中已出現快速的分化，有些農戶之所得躍增，被稱為萬元戶，有的農戶所得雖然也有增加，但幅度較小。雖然大家都發揮了活力，但能力秉賦不同。我們計算得1980年以後的農民純收入分配的吉尼係數如下[6]：

6　1980及1986兩年的吉尼係數是根據中國統計年鑑中農民純收入分組統計計算而得，見中國統計出版社，《中國統計年鑑》，1987年，頁697。1990年及1995兩年的吉尼係數是採用趙人偉、李實編，

1980	0.084
1986	0.210
1990	0.310
1995	0.340

　　分化的速度在包產到戶後的頭五年最爲快速，從絕對平均狀況的係數0.084躍增到0.210。此後各年吉尼係數仍在不斷升高。吉尼係數增加最快的五年，也是農業生產增長最快的幾個年頭，增產與分化是齊頭並進。如以1980年爲100，以不變價格計算的種植業總產值的指數爲252.5[7]，換言之，淨增了153%。這裡是專指種植業而言，不包括副業及其他非種植業的產值，我們都知道，種植業受天然條件所限，通常是難大幅躍進。可見這幾年表現的成果幾乎全部導源於農民工作積極性之提高。換言之，全生產要素的生產力大幅升高，也可見大家都盡力工作，所得有高有低，仍是遠比「大呼隆」年代的狀況要強得多。

　　在這個案例裡，有幾點應予說明。第一，這個案例是全國性的，不限於某個地區，吉尼係數是全體農村的狀況。第二，這一套吉尼係數是所得分配分化的指標。前章曾經說過，所得分配的吉尼係數通常比土地分配的係數要低許多，因爲土地分配中可能有無地農民，但所得卻不會降爲零。如果農村制度改革，土地轉化爲私有，農民也被允許向土地投資，則農村分化的速度還要快

（續）──────────────

　　　《中國居民收入再分配》（北京財政經濟出版社，1999年），頁48。
　　　這些基本資料都是以不變價格計算的農民純收入。
　7　趙人偉、李實編，《中國居民收入再分配》，頁29。

許多。第三，這個案例只包括十五年，時間是三個案例中的最短者，我們相信，假以時日，分化的程度會更深，吉尼係數會更攀高。

最後要指出的是，當局在這次包產到戶實施中，已經理解到，農村分化並不純然是個應該詛咒的嚴重罪惡，它也有重大的正面效果，經改後農村中的貧富差距，不再被判爲「階級分化」或「階級對立」，而被改稱爲「讓一些人先富起來」的分配政策；農村中的高所得戶也不再被劃爲該打倒的富農，他們被稱爲「萬元戶」，帶有幾分讚許及鼓勵的意味，這是在態度上及政策指導上的重大改變。

四、地主的置產簿

中國傳統社會中的地主與西歐中世紀的地主，在本質上有很大的區別。古代的歐洲在羅馬帝國時期，本已有土地租佃之現象。不過租佃制要以市場商品交換爲先決條件，因爲出租土地而收入實物地租是單一穀類，但地主家庭之消費則是多種多樣的，地主必須拿出一部份穀物地租，到市場上去交換消費品。羅馬帝國時期各地有市場，故古典租佃制可以出現。後來蠻族入侵歐洲，羅馬帝國滅亡，市場也被蠻族軍隊摧毀。在新建立的封建制度中，領主們獲得了指定的封地，做爲采邑。因爲沒有市場交換，領主們不能將其封地出租，只能採取自給自足的莊園經營方式，一切需要的消費品都必須在莊園內自行生產。於是農民們從領主手中取得份地，報以勞役地租，爲領主做各種各樣的生產工

作。他們除了在份地耕種外，還要爲領主耕種其自留地，又要爲領主割草、伐木、修繕房屋、放牧牛羊、磨麵釀酒。領主要規劃各項勞動項目，並硬性定出指標，更重要的是要派人隨時隨地監督。農業生產工作是最難有效監督的項目，領主及其管家必須訂立嚴密監督的辦法，這些監督工作看來是有些慘酷，所以莊園裡的工作人員被視爲「農奴」。總的說來，這種莊園制度是交易費用（transaction cost）最高而效率最低的經營方式。但是除此以外，別無選擇，這是惟一可行的辦法。到了十二三世紀，西歐各地紛紛出現了規模大小不一的市場，可以進行商品交換，於是滿足了租佃制的先決條件。此時，領主們在經營方式上有了選擇，他們可以繼續實行農奴式的莊園制，也可以採用租佃方式，坐收實物地租（或錢租）。前者的交易費用高而效率低，後者交易費用較低而效率較高。很自然，越來越多的領主放棄莊園制而採行租佃制[8]。所以說，基本上，歐洲中世紀的地主，是由領主蛻變而成，他們出租的土地就是他們繼承下來的采邑或封地，沒有一個人是白手起家力農致富的，稱他們爲封建地主完全是合理的。

西歐的中世紀，市場逐漸發展起來，不但封建領主可以改變莊園的經營方式，將采邑或封地出租，由領主變爲新的地主，他們甚至可以將其莊園與封地變賣。英國的封建主出賣封地者，在十二世紀初已很多：貝德郡67個莊園領主中有49人將其莊園出賣；在伍斯特郡18個莊園領主中有16家將其莊園出賣；亨廷頓郡

8　馬克垚編，《中西封建社會比較研究》（學林出版社，1997），頁89。

101個領主中78家出賣了他們的莊園[9]。

　　中國的地主就完全不同，只有很少比例的地主的土地是受賜而得，絕大多數是靠著經營能力，逐漸積累，從市場上買進田產。將中國力田致富的地主與西歐封建領主承繼采邑蛻變而成的地主相提並論，等量齊觀，是不對的。把中國的地主稱為封建人物，也是不公平的。中國的地主家庭留下了許多積累田產的過程實錄，稱為置產簿，至今留存不少，可以為吾人研究地權分配提供許多訊息與資料。

　　解放之初，皖南地區許多私家置產簿大量流至外間，被各大學圖書館及研究機構購入收藏。置產簿有時又稱謄契簿，是地主家庭歷年購置田產時，買賣雙方立下的地權轉讓之文契，包括田契、地契、山契、房契、地基契、墳地契等。文契上有買主、契主，及中人畫押。有的置產簿是將歷年累積的文契原件訂成一冊；有的是依照原件謄抄的，故又稱謄契簿。

表 5-4　地主購置田產總量

地主姓名	購置田產總量	地主姓名（畝）	購置田產總量（畝）
胡　姓	152.8	金　姓	92.0
汪　姓	167.2	朱　氏	14.4
謝　姓	71.3	潘　氏	28.8
王　姓	33.3	王姓仁房	140.7
汪　姓	80.5	王履信	99.0
許　姓	169.8	黃　氏	191.50

9　馬克垚，〈從小農經濟說到封建社會發展的規律〉，載《中國封建社會結構研究》(中國社會科學出版社，1985)，頁196。

項　姓	86.3	葉　姓	39.6
吳　姓	41.8	吳晉侯	33.5
吳　姓	221.6	胡　氏	115.0
孫　姓	22.5	洪南軒	313.4
陳　氏	33.5	汪　姓	32.0
方　氏	645.7	汪　姓	37.6
黃　氏	68.0	胡　姓	32.8
俞　姓	40.9	汪　姓	34.6
吳泉盛	37.9	汪　姓	46.2

資料來源：趙岡、陳鍾毅，《中國土地制度史》（台北：聯經出版公司，
　　　　　1982）頁218。

　　表5-4所列的是30家地主的置產簿，立簿之年從1568至1914年
不等，有的跨度很長，包括數百年的紀錄，有的僅有數十年的歷
史。我們可以計算各置產簿登錄的購置田產總額，即表5-4中之數
字。其中最大一戶是方振隆，共購進645.7畝；超過100 畝之地主
也不過九家，其他占田皆不滿100畝。從這批置產簿來看，大地主
絕少，中小業主多。不僅皖南如此，我們相信江南一帶，甚至全
國，在明清時期皆是如此，地權是分散在中小業主手中。這一點
也可以從明清地方政府留下來的官方紀錄得到佐證。有學者曾經
詳細檢視乾隆七年(1742)至二十八年(1763)徽州某地二圖四甲農
產土地買賣的全部官方紀錄[10]，發現占地100畝以上之大戶買進之
田地只占買進總額的9.79%；而買進土地最多的是占地40-50畝的
中等人家，共買進這時期交易總額的31.94%；占地50畝以下之中

10　江太新，〈論清代前期土地買賣的周期〉，《中國經濟史研究》，
　　第2000年4期，頁33。

小業主共買進總額的69.42%（三分之二強）。可見在土地市場上最活躍的不是大業主，而是中小業主。

在眾多的置產簿中，我們找不到一個兼併之家，一次大片吞併了他人的田產，而都是積年累月一片片一段段零星買進的田地。不但置產簿所呈顯的是這種狀況；官方紀錄的「推收簿」也沒有大量田地一次轉手過戶的記載。在跨度較長的編審冊或歸戶冊，如像獲鹿縣或休寧縣的冊檔，我們甚至可以看出農戶累積田產的過程是如何艱辛困難，很少有人是一帆風順，許多農戶都是幾經波折，某五年的編審期內，大量拋出田產，幾陷於赤貧，再在下一兩個編審期內，努力買回失去的田產。

官方土地交易紀錄也可以告訴我們農戶平均購買田地的速度。上述二圖四甲共有142戶農戶，22年內共買進1649筆田地，合計面積是864.2畝，平均每戶每年買進2.35畝。我們從私家置產簿中也可以獲得類似的訊息，即地主買地的速度。表5-5是我們搜集到皖南地區地主私家置產簿有起迄年代者，我們可以計算每戶平均每年買田地之數量。這許多置產簿中有些是按坵計算，畝數不詳，只有28戶是以畝計算。將這28冊置產簿提出，計算它們的每年購田速度之平均值。得出平均每戶每年購入2.31畝。

表 5-5　地主購買田地的速度

購地紀錄	包括年代(西元)	平均每年買入田地
鄭氏文約契紙謄錄簿	1332-1593	0.31坵
謝氏謄契簿	1339-1616	0.25畝
李氏置產簿	1374-1661	0.55坵
吳氏置產簿	1403-1758	0.32坵

胡氏置產簿	1437-1568	1.15畝
潘氏置產簿	1473-1745	0.10畝
汪氏合同簿	1480-1607	0.34坵
王氏置產簿	1491-1643	0.22畝
鄭氏置產簿	1491-1681	0.45坵
汪氏置產簿	1537-1583	3.60畝
汪氏置產簿	1562-1583	5.00坵
汪氏契約謄錄簿	1572-1645	1.09畝
許氏置產簿	1590-1654	2.65畝
項氏置產簿	1608-1655	1.80畝
黃氏置產簿	1612-1705	0.47坵
黃氏置產簿	1622-1647	0.65坵
朱氏置產簿	1623-1742	0.12畝
謝氏謄契簿	1627-1655	2.90坵
吳氏置產簿	1633-1662	7.40畝
金氏置產簿	1636-1727	1.00畝
汪姓契底	1640-1914	0.17畝
吳氏置產簿	1641-1656	2.78畝
陳氏置產簿	1649-1678	1.10畝
張氏產業印照簿	1652-1744	2.25坵
孫氏文契簿	1653-1675	1.00畝
俞氏眾業簿	1657-1725	0.58畝
汪姓置產簿	1690-1844	0.21畝
汪姓契據編號簿	1690-1848	0.24畝
葉氏產業簿	1694-1794	0.39畝
吳尊德堂謄契簿	1706-1726	1.90畝
王姓仁房進產簿	1717-1752	3.90畝
吳晉侯土地登記冊	1736-1819	0.35畝
黃氏置產簿	1741-1776	5.30畝
程氏產業簿	1742-1902	0.24坵
胡氏產業簿	1755-1824	1.64畝
王履信戶歸戶冊	1760-1772	1.21畝
洪南軒推收簿	1826-1839	22.38畝

| 胡氏產業簿 | 1829-1867 | 0.84畝 |
| 汪氏買地契簿 | 1886-1912 | 1.30畝 |

資料來源：趙岡、陳鍾毅，《中國土地制度史》，頁222。

這兩個平均置產速度是如此接近，可能是反映皖南一個狹小地區的情況。其他地區的地主有較快的置產速度。北方平原因為人口密度較小，田塊面積大，情形似乎好一點。山東淄川樹荊堂畢家，經過四代約180年，努力購入900畝田地；章丘縣進修堂孟家經過了五代，購置了1050畝地；同地的矜恕堂孟家，在1854-1911年間，進行了22筆交易，在村內買到83畝地，平均每筆交易是3.8畝地，同期從村外共買進33筆，計610畝，平均每筆交易購進16畝。章丘縣東矾村太和堂李家，經過150年，進行了104次買地交易，共購進515畝，平均每年購進3.43畝[11]，也還是比皖南的數字高些。也有少數幾家特大號地主，多年來能夠購進大量的田地。譬如蘇州博物館藏吳江縣周莊鎮沈氏地主的「世楷置產簿」，記載從順治16年(1658)到道光3年(1823)，共164年，買田596筆，購入4672畝，合平均每筆交易購進7.8畝，但每年多筆交易，平均每年購田地28.5畝[12]。這是極少見的特例，我們所見到的地主戶置產簿僅此一家。

有些置產簿包括的年代很長，從中我們可以看出各年代的土地市場情況，有的年代購地容易，有的年代購地困難。總的說

11　景甦、羅崙，《清代山東經營地主的社會性質》（齊魯書店，1959），頁53、69、76、82。

12　曹幸穗，《舊中國蘇南農家經濟研究》（中央編譯出版社，1996），頁38。

來，康熙初年是買方市場，購地容易，許多地主都是在這段時期
內較大量的購進土地。到了乾隆年間就變成了賣方市場，地主買
地較難。也在這一時期，買地農戶要求找價和補價的事例最多，
有人甚至一找再找，處處反映賣方市場的特徵。

表 5-6 清前期徽州府休寧縣程姓《仁房》置產情況

置產時間	地　　名	田(畝)	備　　註
康熙56年2月	竹杯下等7丘	9.395	
康熙56年6月	西干領等11丘	12.726	
康熙56年8月	賣方等3處	0.3	宅基地
康熙56年11月	裡七田等2丘	0.126	
康熙56年12月	賣方	0.05	宅基地
康熙56年12月	門口田等4丘	6.191	
康熙60年8月	西充	1.86	
康熙61年3月	沙侖丘等3丘	4.258	
康熙61年3月	木匹塘下	1.875	
康熙61年12月	奔坵沙塘灣等8坵	7.267	
康熙61年11月	木朸坵	2.833	
雍正1年10月	老鴉坵	1.195	乾隆3年贖回
雍正1年12月	下山頭	1.800	
雍正2年1月	下山頭三畝坵	1.800	
雍正2年3月	株樹山腳	0.541	
雍正2年5月	下塘田大小三坵	1.189	
雍正2年6月	朱旱塢	0.6	山
雍正2年12月	廟嶺等8坵	6.328	
雍正2年12月	廟嶺	1.087	
雍正2年12月	住基	0.15	宅基地
雍正3年2月	山人塘等4坵	3.257	
雍正4年1月	豬頭坵等2坵	3.595	
雍正4年11月	黃泥坵	1.096	

雍正4年12月	牛屎湖	4.422	
雍正5年2月	上山頭	0.01	
雍正5年3月	水碓隴	1.281	
雍正5年3月	山人塘	田皮	
雍正5年7月	李木坵	1.996	
雍正5年9月	梅樹坵	0.985	
雍正6年1月	牛欄坵	0.881	
雍正6年2月	角金塘	0.02	塘一口
雍正6年4月	沙仁塘	0.404	其中塘0.1畝
雍正10年12月	下駱駝	1.780	
雍正10年12月	大聖塢	0.725	
雍正9年9月	古塘底	0.599	
雍正11年1月	江古嶺	0.933	
雍正11年1月	井邊	0.969	
雍正11年2月	墳前	1.386	
雍正11年6月	古塘底	3.421	
雍正11年9月	下駱駝	2.365	
雍正11年10月	亥坵	1.943	
雍正11年11月	塘塝	0.492	
雍正12年2月	上駱駝	2.365	
雍正12年11月	前瀰	3.065	
雍正12年12月	白臘坵等	1.4	
雍正12年12月	竹圓塝等	0.605	
雍正12年12月	油盞坵等	2.52	其中塘0.08畝
雍正12年12月	井塝等	1.279	
雍正13年1月	尖角坵等	1.576	
雍正13年11月	橫干	1.059	
雍正13年12月	長坵	0.412	
乾隆1年1月	毛章山	0.793	
乾隆2年2月	塌頭水底坵	1.32	
乾隆2年4月	新田	2.022	
乾隆2年12月	下村	1.132	

乾隆2年12月	沙坵	1.35	
乾隆5年4月	上塢	0.194	
乾隆5年9月	白蓮塘	1.437	
乾隆5年10月	蔴榨塘一口	0.5	塘改田
乾隆6年5月	塘壞堀	2.889	
乾隆6年12月	桑園	1.231	
乾隆6年12月	新塘上	1.015	
乾隆7年3月	毛狗籠	3.027	
乾隆7年12月	楓樹坵	2.869	
乾隆8年9月	上栗樹	1.887	
乾隆8年11月	尖充	1.205	
乾隆8年11月	昶塘門首	1.80	
乾隆8年12月	中于坵	0.624	
乾隆8年12月	官路坵	0.842	
乾隆8年12月	裡前山	0.20	山
乾隆11年12月	程住基	0.15	宅基地
乾隆12年5月	石瓏塢	2.464	
乾隆13年12月	門前山	0.09	山
乾隆15年7月	犁尖坵	0.83	
乾隆13年12月	裡井地	0.11	
乾隆13年12月	新塘	0.22	塘
乾隆13年12月	角弓塘	0.1	塘
乾隆13年12月	門前山	0.09	山
乾隆15年9月	隱塘毛坑口	1.975	
乾隆16年5月	白羊塢	0.02	山
乾隆17年8月	徐家灣	0.533	
乾隆17年11月	百公坵	2.215	
乾隆17年11月	梭道坵	1.599	

資料來源：中國社會科學院經濟研究所藏「屯溪檔案」「置產簿」A016。

我們舉出三個跨度最長的置產簿，看一看地主購買土地的詳

細過程。表5-6是徽州府休寧縣程姓仁房置產簿的全部紀錄[13]。該戶在康熙五十六年開始置產，記錄到乾隆十七年止，時間長達36年。先後共置產83次，總計購進145.172畝，包括田、地、山、塘、宅基地等項。如果除去山、塘、宅基地，只計算購進的田與地，則共有67筆。此置產紀錄有兩點值得注意。第一，每筆買進田地之面積越來越小。

> 康熙56年至61年，共買進9筆，合計46.531畝，平均每筆5.170畝。
> 雍正元年至13年，共買進33筆，合計60.571畝，平均每筆1.835畝。
> 乾隆元年至17年，共買進 25筆，合計35.863畝，平均每筆1.434畝。

這表示地主積累越來越困難。買進田地的時間與地點都十分分散。康熙五十六年買進四筆，時間是2、6、11、12月，地點也不在一處，而且買進的田地，每筆又分為若干丘，例如6月買進那筆共有11丘；12月那筆共有4丘，雍正二年在不同月份中分五次買進田地；雍正十一年，分七次買進，雍正十二年分五次買進；乾隆八年也分5次買進。買進的田地都不在同一地點上。這顯示，中國

13　《中國經濟通史》（經濟日報社出版，1999），《清代經濟》卷下，頁1653；同書第1624頁又羅列了徽州地區某縣某都二圖四甲在乾隆七至二十八年這22年間所有業戶買進的土地共864畝，分為1649筆交易，合每筆0.52畝。

的農地已零細分割成星散的小田塊，整個土地市場已是賣方市場，賣主根據自己的需要，零星小塊上市出售，而買主只能等市場上有田地出售，便在不同的時間上分別從不同的賣方零星買進。這也顯示，地主積累田產不容易。這種現象，在推收簿上也清楚可見，推收簿是官方登記的田地買賣交易的紀錄，賣爲「推」，買爲「收」。我們所見到乾隆以來的推收簿，絕大多數的土地交易都是一畝上下[14]。

另一個案例是皖南某地汪姓人家的「汪姓契底簿」[15]。這是我們所看到的私家置產簿中紀錄最長的一家，從明末直到民國3年，幾近300年。此戶原是佃戶出身，佃耕他人土地。他在崇禎十三年買入了一塊「田皮」，也就是取得了一塊土地的永佃權。然後他家直到康熙四十六年才買進一塊土地，由佃農變爲自耕農。從此直到民國三年，這家農戶共買進第39筆田地，共計46畝多一點，平均每六年才能買進田地一畝。與此類似的是「孫姓契墨抄白總登」[16]內的資料。此孫姓人家也是佃戶出身，到雍正十一年才買入一塊田皮，然後到了乾隆四十四年才有能力買第一塊眞正屬於自己的田地。直到道光二十二年才陸陸續續買進26筆田地山林，其中田地不過15畝多一點。這種種跡象都顯示農業生產的內部積累十分不易，要經過多年，甚至幾代人的努力，才能熬成大地主。

從以上所討論的中國地主置產簿所顯示的各項特徵與跡象，

---

14 趙岡、陳鍾毅，《中國土地制度史》（台北：聯經出版公司，1982），頁221。

15 同上，頁224。

16 同上。

我們可以肯定的說，把歐洲中世紀由封建領主蛻變而成的地主與中國絕大多數力田致富的地主視為同樣的封建人物，是毫無道理的說法。

五、是福音還是罪惡

很多人都指責，甚至痛恨地主這類人，認為他們貪婪、壓榨貧窮農戶。這種指責是可以理解的。從人道的觀點看，這種指責是對的，我們反對農村分化，反對農村出現貧富不均的現象。但是如果我們進一步追究，農村分化是一個自然過程，地主並不是任何政府或制度強行指定的，那麼這種自然分化是由什麼動力所造成的？這種自然的動力是否只是一個邪惡的力量，沒有絲毫正面貢獻？

前面我們看到朱學源之案例，這是一個最純粹的案例，排除了戰禍、天災，及其他偶然因素。這四十九家子戶在平均析產以後，自由獨立經營，在二十年的時間內，就出現了如此巨大的所得差異，這只能是由於各子戶生產力有相當大的差異所導致。所謂生產能力是廣義的，包括體力上之差異、勤勞程度之差異，以及經營能力之差異。生產能力分配不均，最終必然造成所得分配及財富分配之不均，這是分化過程背後的基本原動力。我們不妨把農村中的農場比做城市中的商店，大家拿著同樣的本錢去做生意，有人賺錢、有人賠錢、有人賺的多、有人賺的少。商人之間，有小商人、也有大富商，農村中的農場就是農業生產部門中的企業。工商界有分化，農村自不免也有分化。我們甚至可以

說，在很大程度上，農村中的富農及地主就是農村社會中富有企業精神的人，或者說，他們是農業生產部門的企業家。他們能力強、善於經營、富企圖心，這是在他們身上常常看得見的特色。這種特色在第一代創業起家的地主中最爲強烈突出。

從熊彼得(Joseph A. Schumpeter)以降的正統經濟學家都強調要鼓勵企業精神，因爲這是經濟發展的原動力。在經濟政策上，經濟學家都主張採取適當的折中措施。一方面我們同意，從人道觀點上，財富與所得的分配過度不均是不好的現象；另一方面，促進經濟發展是我們的重要目標。過份強調分配，追求社會的絕對平均狀況，會使人們喪失積極性，而企業精神與合理的物質報償是人類社會發展必不可少的激勵機制(incentive system)。從經濟學的觀點來看，不患寡而患不均的提法不妥當，應該兩者兼顧。一方面我們要尊重市場體系「按能分配」的功能，讓有能力之人儘量發揮他們的能力，並且得到他們應得的物質報償；另一方面我們可以設計一些合理的再分配措施，將較富有人們的所得拿出一部份來促進貧苦人們的福祉。換言之，人之體力與才智的分配永遠是不平均的，所以所得分配曲線的右端自然存在，不應該強力將曲線的右端斬斷。

中國歷史上重農輕商的態度，也是不正確的。比較各生產部門，農業是風險小而報償率低的部門，工商業則是風險高(在中國尤其如此)而報償率高的部門。在合理的市場機制下，投資者按照個人的性格在兩個生產部門中加以選擇。但是重農輕商的哲學與政策，不當的扭曲了上述之選擇，人們看中了農業生產的低風險，以末致財，以本守之，促使社會資源過度集中在農業部門。

一來，中國的農業生產先天條件不良，可耕之地極爲有限，注入新投資以後無法導致農業發展及生產增加，只能反反覆覆的將僅有的資源(土地)再分配，今天你當地主，明天我變成地主，二來，把富有企業精神的人士匯集在這樣一個沒有多少發展空間的部門，也是一種嚴重浪費。

在這裡，台灣二戰後的經濟發展給了我們很好的啓示。在五十年代初期，台灣實行「耕者有其田」政策，將地主的田產轉移到小農戶手中，所有的農戶都成爲自耕農，不親身耕作的人無法取得農地。在地權轉移的過程中，政府將四大公營公司的股份轉讓給失去土地的地主，做爲補償。在以後若干年內，從地主手中取得土地的自耕農，要從收穫中分期償還地價。這樣安排以後，原來的地主在農村中再無法立足，便都轉移到城市，他們手中握有一些資金，於是紛紛在工商界創業。於是資金與富有企業精神的人才，兩者都集中在新興的工商業。今天台灣工商界許多成功人物，都有這種背景。以政策逼使資源從沒有太多發展空間的部門轉移到有無限潛力的新興事業，終於造成台灣幾十年的快速經濟發展。

農村中的富農及地主，是農業生產中的企業家，有強烈的企圖心，第一代發家創業的地主尤其如此。把他們侷留在農村，是大材小用，但如果連這點發揮的機會都不給他們，他們就要抗拒。前蘇聯在廿世紀二三十年代的經驗，提供了充分的說明。1917年蘇聯布爾塞維克革命成功，新成立的政府立即(1918-1920)推行農村的土地改革，把地主及富農的田地沒收，分配給一般農民。但是有鑑於國內經濟惡化，列寧決定暫緩實行社會主義經

濟,改採所謂的新經濟政策,遵行了七八年(1921-28)之久,就在
這短短的幾年間,蘇聯農村迅速分化,出現了一批爲數眾多的新
富農(kulaks),他們就是革命後新一代的地主。等到史大林決定實
行第一個五年計畫時(1928-32),在農村進行集體化遭遇到這一批
新生富農的強烈抵抗。最近,蘇聯瓦解後,俄國新政府的國家檔
案被解密公布,我們才知道當年集體化運動時雙方鬥爭之慘烈。
爲了鎮壓反抗集體化的新富農,蘇聯政府調派了成萬的軍隊,還
動用了飛機大砲和坦克,血戰數年,才把幾百萬的新富農流放。
這是一場血腥的教訓。

第六章

地權分散的機制

　　在第四章中，我們看到幾個地區吉尼係數的時間序列，有的是吉尼係數逐漸上升；有的相反，吉尼係數下降。過去，學者們對於前一類情況，覺得是理所當然，正是他們所預期的，封建地主制不斷兼併小農的土地，正是他們的本質。但是對於吉尼係數下降的情況，他們不免大為驚訝。在此應該加以認真分析研究。

　　明代留下的地籍冊檔，休寧縣二十五都五圖，共有四年的紀錄，計算後得吉尼係數如下：

　　　萬曆10年(1582)　　0.676
　　　萬曆20年(1592)　　0.638
　　　萬曆30年(1602)　　0.606
　　　萬曆40年(1612)　　0.594

　　吉尼係數之下降是40年連續不斷的。另一個短的紀錄是清初直隸獲鹿縣三社四甲的編審冊提供的吉尼係數是

康熙45年(1706)　　0.484

乾隆元年(1736)　　0.418

其變化也是很清楚。

其實，中國傳統社會有其內在的機制，在某些條件下，會自動分解大的家產，即諸子均分父母財產的繼承制度。

一、繼承制度的歷史演變

在先秦時期，繼承制比較簡單，爵位是不能分割的，只能由長子繼承，於是有嫡庶之分。土地是公有，受田農戶不能私相轉讓，也沒有繼承問題。春秋戰國以後，公田逐漸私有化，秦令人民「名田」，正式承認土地私有制，並建立土地登記制度，田產繼承制度隨之建立。「史記」白起王翦傳中說，秦將王翦向秦始皇請求「請田宅爲子孫業」，是田產繼承制最早的記載。此後兩千多年，中國社會確立了繼承制的基本原則：諸子均分，不分嫡庶，但女兒除非有特殊情況，一般是沒有繼承權，尤其是土地。但繼承的開始時間則曾經有過變化。

秦商鞅變法時的規定是「家富子壯則出分」，法令明文規定「父子兄弟同室者爲禁」，然而，所謂禁，不過是經濟制裁而已，「民有二男以上不分異者倍其賦」，並非絕對禁止。按此制，父母在世時，兒子成年即應分得一部份家業，獨立門戶，與父母異居，古稱之爲「生分」。一家常有不止一個兒子，長幼不同，成年的時間有先有後，這樣，父母的家產就要經過多次析

產，分別傳給諸子。這種繼承制有兩個弊病。第一，父母年老而諸子已分家自立門戶，父母便乏人照顧。第二，父母的財產數量會隨時間而有增減變化，諸子在不同的時點上析產，得到的數量可能不同，有失公平的原則。漢武帝以後，禮教受到社會與政府的尊重，要求繼承制度能符合孝悌之道，逐漸趨向父母亡後一次析產的辦法。唐時正式頒佈「別籍異財」的禁律。「唐律疏議」卷十二：

> 諸祖父母、父母在，而子孫別籍異財者，徒三年。

唐律同文又說：

> 諸居父母喪……兄弟別籍異財者，徒一年。

居喪期間析產也是違法的。宋刑統完全抄襲唐律，也有上述之規定，但增加若干特許的例外情形。明律亦依此傳統，只是改「徒」為「杖」。

> 凡諸祖父母、父母在而子孫別立戶籍，分異財產者杖一百。
> 若父母喪而別立戶籍，分異財產者，杖八十。

然而均有但書：

須祖父母，父母親告乃坐。

是告訴乃論，並非嚴格規定。而且

其父母許令分析者，聽。

至「大清律例」的繼承法，則放棄親在不得析產的規定，只強調「一次析產」及「諸子均分」的原則。律文說：

其分析家財田產，不問妻、妾、婢生，止以子數均分。

嚴格說來，清代已經沒有繼承法硬性規定，民間多依從習慣法，也就是混合前朝的制度而行。累世同居共業者，各地均有，但不普遍。據學者檢查河北獲鹿縣留下的清代戶籍，在嘉慶、道光、咸豐三朝，70%左右的民戶人口不超過五人[1]，而父母加上未成年子女。分家析產發生在父母在世時，或故去後，兩者都有，原則上是一次析產，公開拈鬮，平均分配。也有依照地方性慣例，設定特例，例如：長子得雙份；承祧孫得一份，負責贍養父母者多得一份等[2]。

中國這種傳統的一次析產分家，諸子均分的繼承制對農村經濟有很深遠的影響。第一，這是中國農村過密型生產模式的泉

1　《中國經濟通史》（經濟日報出版），《清代經濟》卷下，頁1639。
2　費孝通，《江村經濟》（江蘇人民出版社，1986），頁47-48。

源。完整的土地產權應該包括處分權與受益權。諸子在分家析產以前，已經對其未來應得之產權有所預期。或者說在分家以前，諸子已享有不完全的產權，他們對家產沒有處分權，卻有受益權。男子在析產分家以前，雖已成年，卻不願離家出外就業，而要留在家裡等待分享父母的遺產。他們對析產已有預期，認爲已握有部分產權，將來的析產只是過戶的形式。他們有預期的產權，也就有受益權，有權共享家中生活上的消費。有些農戶，家中勞動力已經過剩，父母的田產有限，將來分家析產，每人能分到的一份爲數很小，但是誰也不肯放棄，另去他地謀生。家中兄弟們有同等的繼承權，誰也不能指認誰是剩餘勞動者，將之排擠出去。弟兄們一起在家中同吃同住，同在田間工作。這就是過密型農業生產的基礎。過密型生產方式在明清時期，農村中已很普遍，但在其他國家的歷史上卻很少見。在其他國度中，勞動力是可變生產要素，充其量在短期內可能像個固定生產要素，但長時間仍恢復爲可變要素。但是在中國農村，勞動力在分家析產以前永遠是固定生產要素，一次性析產繼承制把弟兄們全都拴在家中，誰也不能趕走誰，大家同時操作，直到邊際產量達到零時爲止。

　　第二，中國諸子繼承制度，特別強調平均分配之原則。析產時必須請族中長輩主持，親友爲見證人，預先把待分之家產按「房」數均分，開列清單，編以字號，各房代表當眾拈鬮，然後寫成文書，稱爲鬮書，當事人與見證人一一簽字畫押。分配家產時要「肥瘠均搭」。如果父母有三塊地，肥瘠不同，現由兄弟五人均分，往往是把三塊地的每一塊都切割成五等份，每房各得三

塊不毗連的田地。這也是中國農村土地越來越零細化的原因之一，對於農場管理經營造成極大的不便。

第三，中國的繼承制度對於農戶的生育行為有深遠的影響，最後也影響到農村地權分配。

二、貧戶與富戶生育行為之差異

分家析產能使父母遺留的大田產分化為小田產，主要關鍵在於參加析產的人數。如果農村人口的平均生育率是2，總人口不增加，平均每家只生一男一女，則只有一個兒子繼承遺產，父母的財產就不會因繼承而分化。只有當平均生育率遠超過2，平均每家不止一個兒子來參加分家析產，父母的財產才會越分越小。所以，我們應該研究人口的生育行為。

談到繼承制度，很多人就會聯想到中國民間殺女嬰的風氣。男嬰長大後享有財產繼承權，女嬰則沒有，尤其是土地繼承權。然而女兒長大後出嫁時要帶走一些嫁妝或奩產，通常人家都視女兒為「賠錢貨」。人口之嬰兒出生性比例(sex ratio)通常在103-106之間，但有學者根據1930年代金陵大學的卜凱教授(John L. Buck)在中國農村實地調查的統計資料，計算得出5-14歲人口性比例卻是123.2比100。普林斯頓大學的羅茲曼教授(Gilbert Rozman)計算得出的中國兒童性比例是300比100[3]。

---

3   Gilbert Rozman, *Population and Marketing Settlement in Ching China*(Cambridge University Press, 1982)

　　最近有國內學者整理光緒年間編修的「澄江范氏宗譜」，統計出宗譜中共有2672男性人口的出生紀錄，而只有1492女性人口的出生紀錄，性比例是179比100[4]，這些性比率很可能是反映中國有普遍殺女嬰的風氣。

　　不過殺女嬰之行為，只能增加幼年女子的死亡率，而不會增加男嬰的出生率，也就無法改變參加分家析產的男子人數。影響到地權分配的關鍵因素是貧戶與富戶的生育行為之差異，也就是地主人家到底平均每家生育幾個兒子來參加分家析產。外國社會學家早已注意到中國社會中貧苦人戶與富室的生育行為有很大的差異，下表就是一個調查統計的結果[5]，可以幫助我們說明這個問題。

	戶　數	平均出生		平均死亡		兒　童	平均存活	
		子	女	子	女	死亡率	子	女
富戶	1885	6.05		1.48		24.5%	4.57	
貧戶	4325	4.10		1.82		44.4%	2.29	

　　這些差異明顯可見，也不難瞭解。富貴人家男子多早婚，妻、妾，甚至婢都可以參加生育，妻妾亡故大都有能力再娶，所以生育率高；而貧戶往往很晚才有能力娶親，有的甚至終生無力

4　彭希哲、侯揚方，〈1370-1900年江南地區人口變動與社會變遷〉，《中國人口科學》，1996年第3期，頁11。

5　Herbert D. Lamson, "Differential Reproduction in China", *Quarterly Review of Biology*, 1935, No.3, pp.308-321.

娶妻，娶妻者妻亡後可能無力續絃，所以生育率較低。另一方面，富室生活優裕，營養好，醫藥照顧好，兒童死亡人數少，僅為其出生子女數的24.5%；貧苦人家則否，兒女死亡率高，占其出生子女人數44.4%。在這裡，我們只是指出這兩類民戶的生育行為有很大差異，但貧戶的各項比例與我們要研究的問題無關。貧戶沒有田產可分，只有富室才有田產留給兒子繼承。富室出生子女及存活子女人數均多，故參加分家析產之人數就多。從上表中看，富戶嬰兒出生性比例大約是3.05比3.00，即101.6比100。假定殺女嬰之行為主要集中於富貴人家，貧戶沒有家產，也就沒有嫁妝可提供，殺女嬰的動機微弱。假定富室兒童死亡率偏重於女嬰，最後存活3個兒子及1.57個女兒，平均參加分家析產的人數是三房。地主之家，每代之田產要一分為三。

近來有學者在編寫清代經濟史時曾檢視過許多皖南地區存留下來的分家鬮書[6]。我們姑且將有家財可分之家一概稱為地主之家，這位學者表列了33家的鬮書，他們析產時共有117房參加，即每家地主將田產分給3.6房，與上面所推求的平均分家人數很接近。

三、養子與嗣子

富戶人家的生育率，特別是生男嬰的平均值，是決定參加分家析產人數的基本變量。中國傳統家庭希望生男嬰，但這只是偏

6　《中國經濟通史》，《清代經濟》卷下，頁1669。

好(preperence)，而不是選擇(choice)。以當時的醫學水平，父母仍是無法決定生男嬰的機率。但是父母可以事後追補，改變參加析產的最終人數，那就是領養養子或嗣子的傳統，是對於絕戶人家的一種補救。

養子與嗣子，嚴格說來是有區別。父母無子者領養他人之子，是爲養子。婦人夫亡守志不改嫁者，領養他人之子，是爲嗣子。但民間一般將養子與嗣子兩名詞混用，不加區分。這種區分對於參加分家析產最終人數之計算略有影響，但出入不大，我們不妨也混用，視爲同樣的絕戶情形。根據大清律，養子與嗣子在簽訂文契後，都有完整的繼承權，算做一房。現在假定有1,000地主家庭的父親，平均每戶生育3名(或存活2.5名)男嬰，因爲無法控制生率機率，總會有些人家沒有子嗣，按Poisson distribution各戶生男嬰的分配如下：

	平均生3男嬰	平均存活2.5男嬰
無子戶數	54	82
生1子戶數	149	205
生2子戶數	224	256
生3子戶數	224	214
生4子戶數	168	134
生5子戶數	101	67
生6子戶數	50	28

父母未生兒子的應有54戶，如果包括丈夫去世妻不改嫁而須領養

嗣子者，共有82戶，這兩類都是所謂的絕戶，須要領養他人之子來補充，是親生兒子以外追加的參與析產之人[7]。此外，中國還有贅婿的辦法，也就是父母有女而無子，召請女婿入贅，是為贅婿，可以取得完整的繼承份。把這種種可能都考慮在內，平均每個富戶參加分家析產的房數就要高於男嬰的出生率。

按規定，領養子嗣要選同宗昭穆相當之男子，若無合適者，方可選擇同姓遠親甚至外人為嗣。入贅婿則不受昭穆之限。值得注意的是，自己本家有豐厚的繼承份之男子，一般是不願意出繼給繼承財產不多的人家為嗣。入贅為婿，更是只有窮苦人家之子，才肯接受此身分。所以這一類的人口再分配，是單向流動，由財產少或是無財產之戶流向財產豐厚之家，總之，都是增加富戶的分家析產之最終人數。

安徽博物館存有一本明萬曆四十年休寧縣二十七都五圖的黃冊。據該冊所載，五圖共有199戶人家，其中有43戶是絕戶，占總戶數22%，可見中國農村絕戶人家甚夥。這些絕戶都是沒有田產的窮苦農戶，他們找不到養子或嗣子，所以才變成絕戶。一般人子弟願意出繼給有產業的富戶為養子或嗣子，但不肯出繼到窮苦人家。因此，富戶可以找到繼承人，不致變成絕戶，窮苦人家只能聽任香火斷絕。這43家絕戶共有82口成丁男子，卻只有20口大口婦女。換言之，他們大都是因為無力或不能娶妻，最後才變成絕戶人家。這是貧富人口生育行為差異的一面。它也說明了農村

7　領養者54戶是按男嬰平均出生率來計算；領養者82戶是按男嬰平均存活率計算，其中56人是養子，26人是嗣子(夫亡而未改嫁之戶)。

人口財富分配曲線左端是如何自然消失或內縮，——窮人不一定很容易就餓死，但卻很容易因無力娶親而變成絕戶，自然消亡。

四、兩種相反的力量決定地權分配之變動

土地產權分配的短期變動，主要是受兩種相反的力度所決定。在正的方面，農戶有力田致富的企圖，他們要積錢置產，擴充農場。積累的速度則受土地市場與穀物市場的條件所決定。在反的方面，中國諸子均分的繼承制度有內在分散田產的機制(除非人口生產率是2，總數永不增加)，分散田產的速度則受平均每戶參加析產的人數所決定。正反兩種力度合在一起，其淨值之多寡，是正是負，就決定了吉尼係數是上升還是下降。

如果我們用「變量」(variable)的概念來界定上述的關係，就可以用比較機械的公式來說明。例如一個農村各農戶生產能力之分配是已知的，或者說是事先決定了的，生產能力強的農戶就要不斷置產，擴大經營。則地權分配就要看置產速度及繼承制分散家產之速度的相對速度決定。又假如說，繼承制度是一個由傳統決定的穩定制度，其作用力度也是已知，譬如每25年分家析產一次，平均每家有三房參加析產，則地權分配就主要由置產速度這一變量來決定。在置產的企圖力度已知的情形下，置產的速度便由穀物市場與土地市場的供給彈性所決定。

學者對於中國傳統市場的價格機制已有相當的瞭解。大家都知道，用於耕種的土地與耕作生產的農作物是密切相關的兩項東西，但兩者的供給彈性極不相同，其價格的變動也就不一致。在

自然災害及戰亂年頭，或改朝換代之初，糧食價格飛漲，斗米萬
金；而土地價格因業主逃離或死亡而降落，甚至降落爲零，農田
被棄置而無人問津。戰後進入承平時期，農村經濟恢復，人口逐
漸增加，地價回升。因爲土地之供給毫無彈性，地價上漲十分快
速。人口增加也會提高對糧食的需求。不過農業生產的技術可以改
進，糧食的供應還有相當的彈性，糧價上漲的程度較緩和。這種價
格的相對變化，清代文獻即有記載。錢泳在「履園叢話」中說：

> 崇禎季年，年穀屢荒，人咸以無田爲幸，每畝只售一二
> 兩。

　　清朝定鼎後，地價回升，良田每畝可售四、五兩。乾隆中期
增至每畝七至十兩，嘉慶年間更上漲到每畝五六十兩，爲康熙年
間的十餘倍[8]。這一時期的米價走勢正好與此相反。米價從明末清
初的高峰迅速下跌（見表6-1），其後的140年（1660-1800）間一直在
低價位上平穩的波動。如以江南地區的米價爲準，1670-1679年間
的平均米價已由3-4兩一石降至不足一兩一石，直到1780-1789年才
又緩慢升高至1.94兩一石[9]。學者已經指出，從康熙年間至鴉片戰
爭前夕，中國農村土地的「購買年」在不斷上升[10]。所謂「購買

---

8 李文治，〈論清代鴉片戰前地價和購買年〉，《中國社會經濟史研
　　究》，1989年第1期、第2期。

9 彭希哲、侯揚方〈1370-1900年江南地區人口變動與社會變遷〉，
　　《中國人口科學》，1996年第3期，頁14。

10 彭超，〈明清時期徽州地區的土地價格與地租〉，《中國社會經濟史研
　　究》，1988年第2期，頁56；李文治，〈論清代鴉片戰前地價和購買年〉。

表 6-1　清代長江三角洲糧價

時期	糧價
1641～1650	3.05
1651～1660	2.24
1661～1670	1.21
1671～1680	1.09
1681～1690	0.97
1691～1700	0.86
1701～1710	1.16
1711～1720	0.88
1721～1730	1.11
1731～1740	1.21
1741～1750	1.58
1751～1760	1.98
1761～1770	1.85
1771～1780	1.81
1781～1790	1.89
1791～1800	1.30
1801～1810	2.54
1811～1820	2.55
1821～1830	2.36
1831～1840	2.45
1841～1850	2.24
1851～1860	1.87
1861～1870	2.89
1871～1880	1.76
1881～1890	1.77
1891～1900	2.39
1901～1910	3.45

資料來源：王業健、黃瑩鈺，〈清代中國氣候變遷、自然災害與糧價〉，
《中國經濟史研究》，1999，第1期，頁16。

年」指一畝土地地價相當於多少年的地租額，也就是經濟學中所謂的P/E(price-earning)比，也就是土地投資報償率的倒數。這種相對價格的變動，一來表示土地投資的實質收益日減，二來表示地主和一般農戶要靠農業生產的剩餘來購買土地，變得越來越難。

中國傳統的繼承制是分散富戶田產的機制，歷來研究者都已注意到。清人李調元著「賣田說」，舉例千畝大地主，二代即可析分爲25戶，每戶40畝田地[11]。這是假設每代有五房子孫參加析產。這個速度似乎略嫌太快。留存下來的私家分家鬮書中可以找出許多實例，供吾人判斷繼承制分散田產的速度。日本學者曾舉出河北省平谷縣北大關村的張家地主爲例[12]，其第一代地主有田地800畝，經過三代分家析產，傳到重孫這一輩，占地最少的一房只剩下9畝地，占地最多的一房，經過後人繼續努力累積，維持了265畝的田產。鄭振滿舉出閩北六家地主[13]，分家以後只有兩房勉強維持中等家產，其他各房只夠小地主的水平，甚至連這種資格都不夠。又據獲鹿縣的資料[14]，雍正九年鄭家莊社五甲監生張守仁家原有耕地202畝，五房一次析產，到五年後(1736)的編審冊

---

11 關雨辰，〈從賣田說看清代的土地集中過程〉，《中國社會經濟史研究》，1987年第1期。

12 Muramatsu Yuji, *Chugoku keizai no shakai taisei*(Tokyo, 1949), pp. 305-306.

13 鄭振滿，〈清至民國閩北六件分鬮的分析〉，《中國社會經濟史研究》，1984年第三期，頁32。

14 江太新，〈清代前期直隸獲鹿縣土地關係的變化及其對社會經濟發展的影響〉，《平准學刊》，第一集，頁361。

上，每房只有37.7畝；同甲生員李愼習家，雍正九年有地154畝，三房分產，五年後的編審冊上每房只有47.4畝。

　　根據我們所見到的皖南地主在清代的置產紀錄，最快的平均每年能買進22畝田地，最慢的平均每六年買進1畝，假定平均每年可以買進5畝，這就需要100年的時間，不斷努力，才能積累成一個500畝田地的大地主。按中國人當年的平均壽命而言，父母可以活50年，子孫們25年可以自立，也就是平均每25年分家析產一次，又假設平均每次析產有三房參加分家，則一個地主戶歷時100年可以累積500畝田地，但經過50年兩次分家，每房分得55畝田地；75年三次分家，每房可分得18.5畝，只能算是一個中下的小自耕農而已。

五、土地分配的周期

　　幾十年前，美國的經濟學家莫帝格里亞尼(Frauco Modigliani)曾經創立一個生命周期的儲蓄論(The Lifecycle Theory of Savings)[15]。他認爲一個人的消費能量有限，而且受到生活習慣的約束，所以在一生中消費水平上下波動不大，只是隨年齡增長而緩慢上升。但是一個人的收入則變化較大。在未成年就業以前，基本上沒有什麼收入，就業後則逐年增加，至退休時除退休金以外不再賺有收入。收入與消費的差額就是儲蓄，所以一個人一生

15　Franco Modigliani, *The Life Cycle Hypothesis of Saving, Cambridge*, (MIT Uuvrersity Press, 1980. Collected Papers of Franco Modigliani, Vol. 2).

中，剛就業不久可能是消費大於收入，儲蓄是負值，諸如貸款買車及購屋，此後經驗與技術隨年齡增加，收入上升，超過消費水平，開始有了正額儲蓄，並且逐年擴大，到了退休以後，又變成負額儲蓄，靠著過去的儲蓄與退休金度其晚年，至此儲蓄完成了它的周期(Cycle)。

俄國的恰亞諾夫(A. V. Chayanov)研究俄國的農民經濟也提出一個周期論[16]。他認為一般農民的儲蓄也有一個變化周期，因為農戶中消費者人數與生產者人數之比，隨時間而變化，形成一個周期，農夫剛成家立業不久，他的兒女均幼小，消費者與生產者之比很大，此後兒女逐漸成長，可以幫助農田操作，這個比率便逐漸下降，直到第一代農民年老體衰為止，完成一個周期。消費者與生產者人數之比就決定了此農戶的收穫量與儲蓄率，每個農戶都會由窮變富，再由富變窮，是一種自然循環，波動不僅有周期，而且有一定幅度，所以農村中不會出現兩極化無限發展的局面，而自有其均衡點。

恰亞諾夫的周期模式，是根據俄國米爾公社的土地定期分配制度而設定，每個農戶耕種的土地大體是與家中勞動人口維持相當穩定的關係。這個模式中主要的變量就是勞動者與消費者之間的比例變化，這兩者在生命周期中是互相轉換的。學者也注意到英國在十四、五世紀的家庭農場之周期[17]。此時英國的土地市場

16　A. V. Chayanov, *A.V. Chayanov on the Theory of Peasant Economy*, ed. by D. Thorver, B. Kerblay and R. E. F. Smith(Richard D. Irwin Inc., 1966).

17　馬克垚編，《中西封建社會比較研究》(學林出版社，1997)，頁

已相當活躍，家庭農場可以利用土地市場來調節家庭人口與耕地面積的比例關係。當家庭規模擴大，需供養的人口增加，便要買進或租進一些田地，家庭供養人口減少時，則可出賣或退租一部份田地。

中國的傳統農戶也有周期循環，其機制有些近似英國模式，而不類恰亞諾夫模式。田地可以自由買賣，加上貧富農戶生育行為之差異，形成了獨特的變量。中國式的周期整個循環過程如下，時間較長，不限於一代人：

第一代的創業地主之生產能力與經營能力特別強，努力耕作，力田致富，開始累積田產，此農戶富裕後，第一代地主及其後人的生育行為發生重大變化，他們娶妻納妾，兒子也早婚，平均生育率便由2增加到6，每房平均有三個男嬰，成年後參加分家析產，分家後富農變成中農，中農變成小農。經過75年三次析產分家，就有子孫變為無地的貧農，中國式的農地周期循環便完成了。地主之家不待敗家子出現，早晚會家道中落，這是受社會內部機制所左右的自然過程。

中國式的地權再分配周期循環，我們可以從個別地主戶置產紀錄中看出，也可以從個別地區的吉尼係數之變化看出。一個占有500畝田地的地主戶，經過75年，三次分家析產，就有若干房變成貧戶；也有一兩房接過棒來，努力經營，家道中興，恢復原來的農場規模。從整個地區看，敗落與中興的農戶兼而有之，何者速度較快，就要看土地市場的狀況，也就是購買田地之難與易，

（續）────────────
　　158-160。

河北獲鹿縣的土地分配統計數字可做為現成的佐證。該縣保存了從康熙四十五年(1706)至乾隆三十六年(1771)這一時期的編審冊。現將計算所得的吉尼係數表列如下：

康熙45年(1706)	0.566
康熙50年(1711)	0.610
康熙55年(1716)	0.618
康熙60年(1721)	0.604
雍正4年(1726)	0.648
雍正9年(1731)	0.626
乾隆元年(1736)	0.646
乾隆6年(1741)	0.674
乾隆11年(1746)	0.670
乾隆16年(1751)	0.686
乾隆21年(1756)	0.696
乾隆26年(1761)	0.660
乾隆31年(1766)	0.652
乾隆36年(1771)	0.622

康熙四十五年至乾隆二十一年是上升階段，購地容易，土地分配趨於集中；乾隆二十一年以後，土地市場漸趨緊俏，田價日高，買地漸難，土地集中的程度，也就是吉尼係數，一路下降。

我們的第二套吉尼係數時間序列是安徽休寧縣二十七都五圖三甲的紀錄，包括的時間較短：

順治8年(1651)　　　　0.006

順治13年(1656)　　　　0.060

康熙元年(1662)　　　　0.126

康熙6年(1667)　　　　0.136

康熙10年(1671)　　　　0.150

康熙20年(1681)　　　　0.176

康熙25年(1686)　　　　0.172

康熙30年(1691)　　　　0.210

康熙35年(1696)　　　　0.222

康熙40年(1701)　　　　0.204

　　時間序列終止於康熙四十年，此時墾荒運動方興未艾，土地市場十分寬鬆，這些吉尼係數只能顯示土地分配周期的上升階段。

第七章
地權分配的長期趨勢

　　前面三章已經討論過地權分配的起伏變化，現在我們試著觀察一下中國歷史長河中，地權分配之變化有無明顯的長期趨勢。主流派學者一向認為中國歷史上傳統農村的地權都是不同方式的土地兼併，地權分配越來越惡化，土地越來越集中於少數人手中，即章有義先生所謂的「不斷集中論」及「無限集中論」[1]。他們對此理論堅信不疑，然而卻舉不出任何證據，只是根據意識型態推衍的一些理論，談不上是實證分析與研究。

　　要研究地權分配的長期趨勢，只能從北宋開始。北宋以前，我們幾乎沒有任何這方面的資料，而且中間經過九百年的均田制時期，即使有長期趨勢也中斷了。宋代「不立田制」，也「不抑兼併」，民間土地買賣完全自由放任。宋以後各朝，大體也是維持這個原則，在制度上前後一致。更重要的，宋代戶籍統計中有各地方行政單位詳盡而全面的主客戶戶籍統計。主客戶之區分以

1　章有義，〈本世紀二三十年代我國地權分配的再估計〉，《中國社會經濟史研究》，1988年第2期，頁3-10。

田產有無爲標準。如果再配合上有關占田的資料，我們可以粗略地估計北宋時期的地權分配。以北宋爲地權分配長期趨勢研究之開端，對照著廿世紀前半葉比較詳細的耕地調查報告，這就有了首尾兩端，然後再插入或參考我們前三章所述數量有限但性質明確的明清資料，我們雖然還未能構成土地完整的時間序列，卻也足以看出長期趨勢的大方向。

　　我在1982年出版了一本「中國土地制度史」[2]，就以宋代全國客戶占總戶數比來說明地權分配之狀況與演變趨勢。我指出（見表7-1）從北宋初年以後，土地分配狀況在不斷改善中，無地客戶的比重下降，而且下降的速度不算慢，天聖景祐以後，從43.1%的最高點降到熙寧五年(1072)的30.4%。這是一個自然改善的過程。將北宋的土地分配狀況與清末民初的土地調查報告相比較，看不出有惡化的跡象。

　　章有義後來發表了一篇研究論文，支持我上述的看法[3]。他採取同樣的方法，將北宋的客戶統計與近代的調查統計相比較，得出的結論是：

> 根據十一世紀末葉，1091-1099年間，客戶占總戶數的百分比，平均約爲32.97%。而到二十世紀三十年代前期，1931-1936年間，佃戶對總農戶的比率平均亦僅30.33%。如從前

2　趙岡、陳鍾毅，《中國土地制度史》（台北，聯經出版公司，1982），第四章。

3　章有義，〈本世紀二三十年代我國地權分配的再估計〉，《中國社會經濟史研究》，1988年第2期，頁9。

者剔去失業貧民，則佃戶百分比，前後相隔八百多年，幾乎沒有多大變化，簡直近乎一個常數。看來，人們所想像的地權不斷集中的長期趨勢，實際上是不存在的，或者說是不可能存在的。這裡既有集中的因素發揮作用，也有分散的因素在起制衡作用。這是一個值得人們利用系統論的方法加以探究的問題。

事實上，民初的佃戶統計包括永佃戶。永佃權是一種產權，可以轉讓、典押、買賣，都有市價，嚴格說來，永佃戶應該列入宋朝的主戶一類，不過在此不容易做統計上的調整。

7-1　北宋時期客戶占總戶數之比重

年　　代	百分比	年　　代	百分比
太平雍熙年間(西元976-987)	41.2	嘉祐三年(西元1058年)	35.8
天聖元年(西元1023年)	38.0	治平4年(西元1067年)	30.8
7年(西元1029年)	43.1	熙寧5年(西元1072年)	30.4
9年(西元1031年)	36.2	8年(西元1075年)	31.8
景祐元年(西元1034年)	41.0	元豐元年(西元1078年)	32.7
4年(西元1037年)	41.6	3年(西元1080年)	32.7
寶元2年(西元1039年)	36.4	6年(西元1083年)	33.8
慶曆2年(西元1042年)	35.3	元祐元年(西元1086年)	33.7
5年(西元1045年)	35.7	3年(西元1088年)	33.6
8年(西元1048年)	35.7	6年(西元1091年)	33.3
皇祐2年(西元1050年)	35.6	紹聖4年(西元1097年)	32.7
5年(西元1053年)	35.7	元符2年(西元1099年)	32.6

資料來源：陳一萍，〈北宋的戶口〉，《食貨月刊》，十月號(1977)，頁31。

　　如果要看北宋土地分配的全貌，我們不能單看客戶統計，還要將主戶分組，然後繪出洛倫茲曲線，並算出其吉尼係數。讓我們就以北宋熙寧五年(1972)的數字為出發點，該年客戶比率達到最低點， 為30.4%。漆俠教授估計了各等主戶占總戶數之比，以及各等主戶平均占地面積[4]。漆教授又找到總戶數為1500萬戶，總耕地為700萬頃。我們本可以根據漆教授的估計數字，編列一個地權分配分組表，不過這些估計數內部有些矛盾，湊不攏來。我根據我觀察過眾多個地權分配表之印象，對漆教授的數字略加補充及修正，列於表7-2。

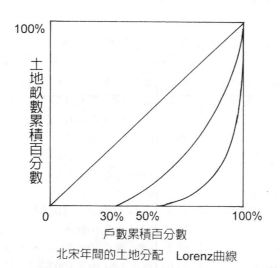

北宋年間的土地分配　Lorenz曲線

4　漆俠，《宋代經濟史》（上海人民出版社，1988），上冊，頁231-268、329-343。

　　從表7-2的估計數據，可以求得北宋熙寧年間的土地分配吉尼係數是0.562。北宋天聖七年（1029）客戶比率最高時的土地分配吉尼係數，我曾估計是0.750。大體說來，北宋年間土地分配狀況可能就在0.56至0.75之間徘徊波動。畫成洛倫茲曲線，大約就在上圖兩條曲線之間擺動。

表 7-2　北宋熙寧年間地權分配估計表

分　　　組	戶數比率 （％）	戶　數 （萬戶）	每戶平均 占地(畝)	共占地 （萬頃）	占地比率 （％）
客　　　戶	0.300	450	0	0	0
五等主戶	0.250	375	15	55	0.079
四等主戶	0.200	300	40	120	0.171
三等主戶	0.150	225	60	135	0.193
二等主戶	0.080	120	200	240	0.343
一等主戶	0.020	30	500	150	0.214
合　　　計	1.000	1,500		700	1,000

資料來源：根據漆俠提供的估計架構補充修訂而得，見漆書頁253、254、265-267。

　　史書沒有記載南宋各朝的主客戶完整的統計，但是若干方志中可以找到地區性的客戶比重，現表列於下：

地　　　區	年　　　代	客戶比重	資料來源
江南道			
明州	太平興國年間	61%	太平寰宇記
	乾道年間	23%	寶慶四明志
台州	太平興國年間	45%	太平寰宇記

	乾道年間	23%	寶慶四明志
台州	太平興國年間	45%	太平寰宇記
	嘉定15年	29%	嘉定赤城志
江南東路			
江寧	太平興國年間	30%	太平寰宇記
	景定年間	12%	嘉定赤城志
歙州	太平興國年間	6%	太平寰宇記
	乾道年間	6%	淳熙新安志
福州	太平興國年間	48%	太平寰宇記
	淳熙年間	34%	淳熙三山志

很明顯，北宋時期客戶比重自然下降的趨勢到南宋時還在繼續。

這種自由放任的土地市場，到了明代便受到制度性的干擾。明政府允許政府官吏享有賦稅與勞役的優免權：京官一品免糧30石，人丁30丁；二品免糧24石，人丁24丁；依次遞減，至九品免糧6石，人丁6丁。地方官則按品級各減京官一半；其不入流的地方官各免糧2石，人丁2丁。一般百姓若考中舉人進士功名，未授官以前即可享受同等優免待遇。這種制度鼓勵人民帶產投獻，以求逃稅。顧炎武曾說[5]：

> 一登仕籍，此輩競來門下，謂之投靠，多者亦至千人。

5　顧炎武，《日知錄》，卷13。

王士性也說河南光山是[6]

> 一荐鄉書，則奴僕十百羣皆帶田產而來，止聽差遣，不費
> 衣食，可怪也。

清政府入關建立政權後，取消了官吏優免賦役的辦法，嚴加禁革
投獻田產之風，國內的土地市場，除了旗地外，又都恢復了自由
放任的狀態。

　　前面第四章中列舉了明清時期的若干吉尼係數，總的看來，
清代的地權分配似乎是繼續宋代的長期趨勢，不斷改善，吉尼係
數下降。而且清中葉以後，下降的速度加快。到了民國時期，全國
各地的吉尼係數普遍降到很低的水平。根據國民政府內政部1932
年公佈的各省土地分配分組資料[7]，計算得的吉尼係數如下：

江蘇省	0.348	浙江省	0.298
安徽省	0.366	湖北省	0.234
湖南省	0.284	河北省	0.330
山東省	0.292	山西省	0.350
河南省	0.354	陝西省	0.410
甘肅省	0.374	青海省	0.546
廣東省	0.352	廣西省	0.492

6　王士性，《廣志繹》，卷3。

7　資料是國民政府內政部《內政年鑑》土地篇(1932)所刊布，影印轉
　　載於《中國土地人口租佃制度之統計分析》，中國經濟史料叢書第
　　一輯第一種(台北：華世出版社，1978)，頁72-74。

| 雲南省 | 0.422 | 察哈爾 | 0.454 |
| 綏遠省 | 0.306 | 全　國 | 0.376 |

此外，其他小規模的統計調查也呈顯類似的情況。例如，山東省莒南、沭水、日照三縣66個村莊(1942)[8]的吉尼係數是0.444。河北省26縣51村4309戶1932年調查結果[9]，得出吉尼係數0.380。江蘇無錫附近11村(1938-39)的吉尼係數是0.526[10]。

　　從吉尼係數來看，在將近一千年的歷史中，農村的地權分配明顯改善，是不可否認的事實。「不斷集中論」及「無限集中論」是不能成立的。不幸，這種分配的相對比較研究，正如第三章所說；掩蓋了中國農村走入貧窮化之路此一事實。貧窮化與財富平均分配並非相對立的兩件事，它們同時出現完全是可能的。事實上，「均貧」會很自然的使分配平均化，人均土地及人均所得降落到很低的程度時，社會很難兩極分化。廿世紀三十年代，知識份子都已經注意到貧窮化的現象，高喊農村破產，但是提不出具體數據來說明。

　　貧窮化有三個明顯的特徵。第一，土地分配曲線的平均值降落到很低的地位，以人均耕地來說，整個農村變得很窮。第二，無地農戶在總農戶中的比重，沒有增加，甚至可能減少。第三，大地主迅速消失，地主平均占有土地的規模變得很小，換言之，

8　張佩國，《地權分配‧農家經濟‧村落社區——1900-1945年的山東農村》(齊魯書社，2000)，頁69。

9　劉克祥，〈中國近代的地主雇工經營和經營地主〉，《中國經濟史研究增刊》(1994)，頁1-10。

10　曹幸穗，《舊中國蘇南農家經濟研究》(中央編譯出版社，1996)，頁69。

農村社會中只剩下中小地主。整個分配曲線的兩端內縮，標準差減少。分配曲線的右端內縮是因爲積累困難，大地主無法出現。曲線的左端內縮是因爲馬爾薩斯所說的positive checks只能在貧窮農戶身上發揮作用，貧戶遭受天然淘汰。貧窮化的三個特徵，在傳統農村的後期都已明顯可見，認爲中國農村破產的學者也再三指出，但是他們始終把分配問題與貧窮化現象混爲一談，認爲前者是因，後者是果。

　　第一個特徵，可以從人口資料中直接看出。現在學者大概都已經同意，北宋人口最多時不過一億左右，但是到了廿世紀中葉已經超過5.5億多，淨增了四倍有餘。然而這一段時期中，全國耕地面積雖也有增加，卻遠落人口之後，全國人均耕地數量一路下降如下[11]：

1072	5.45市畝
1581	3.96市畝
1812	3.47市畝
1887	2.82市畝
1950	1.74市畝

更有甚者，這個時期人口增加，人均耕地下降，農民的餘糧率隨之下降，無力供養同比例增加的城市人口。因此，從南宋開始，中國的城市總人口差不多是被凍結在同一數額上。這表示(一)城

11　趙岡、陳鍾毅，《中國土地制度史》，頁153，及《中國統計年鑑》(中國統計出版社，1987)，頁6、89。

市人口占總人口的比重日漸下降[12]；(二)增加的人口全部留在鄉村，農村人口比重節節上升。(三)所以每個農戶的平均耕地比全國人均耕地下降得更快。有關全國農戶平均占有土地的資料，歷史文獻中未曾記載任何有系統的統計，下面是我們搜集到的零星數字。包括無地農戶在內的每戶平均占地畝數

時　期	地　區	有產戶 每戶平均畝數	全體農戶 每戶平均畝數
北宋元豐年間[13]	兩浙路	25.5畝	20.3畝
	江南東路	45.5	37.4
	江南西路	53.9	35
	成都府路	34.8	28
	福建路	19.1	10.6
明萬曆10年[14]	安徽休寧縣	28.9畝	
萬曆20年	安徽休寧縣	24.7	
萬曆30年	安徽休寧縣	23.8	
萬曆40年	安徽休寧縣	23.4	
清康熙45年[15]	河北獲鹿縣		15.2
雍正4年	河北獲鹿縣		14.3
乾隆11年	河北獲鹿縣		15.2
乾隆36年	河北獲鹿縣		15.1
康熙年間[16]	安徽休寧縣		5.0畝

---

12 趙岡，《農業經濟史論集——產權、人口與農業生產》（中國農業出版社，2001），頁118。

13 漆俠，《宋代經濟史》，上冊，頁72。

14 欒成顯，《明代黃冊研究》（中國社會科學出版社，1998），頁232。

15 方行、經君健、魏金玉主編，《中國經濟通史》，《清代經濟》卷下，頁1526。

16 章有義，《明清徽州土地關係研究》（中國社會科學出版社，1984），頁2。

1950年[17]　　　　安徽皖南　　　　　　　　　　5.49畝

　　以上資料雖然零星，但農戶平均占有耕地面積之下降，卻是明顯易見之事實，也就是地權分配曲線的平均值在繼續下降。下面再讓我們檢查一下分配曲線的標準差是否縮小。我們先從曲線的左端看起，也就是檢查各時期農村無產戶(無地)之比重有何變化。這些資料也是從不同來源搜集而得。北宋的客戶統計即無地農戶之比重，各年記錄詳盡，最高比重是天聖七年(1029)的43.1%，最低是熙寧五年(1072)的30.4%，已如前述。北宋以後的地方資料如下：

時　　期	地　　區	無田產農戶比重(%)
宋天聖7年	全國	43.1
熙寧5年	全國	30.4
明萬曆10年[18]	安徽休寧	21
萬曆20年	安徽休寧	15
萬曆30年	安徽休寧	9
萬曆40年	安徽休寧	7
清康熙45年[19]	河北獲鹿縣	17.6
雍正4年	河北獲鹿縣	22.0
乾隆11年	河北獲鹿縣	25.7
乾隆36年	河北獲鹿縣	16.4
康熙55年[20]	安徽休寧縣	4.7

17　葉顯恩，《明清徽州農村社會與佃僕制》(安徽人民出版社，1983)，頁45。

18　欒成顯，《明代黃冊研究》，頁232。

19　《中國經濟通史》，《清代經濟》卷下，頁1526。

20　同上，頁1534。

民國，1942年[21]　　　　山東三縣　　　　　　　　　　4.8

　　　1930年[22]　　　　　河北43縣　　　　　　　　　10.0

　　　1932年　　　　　　 河北縣　　　　　　　　　　　7.0

　　　1934年　　　　　　 浙江蘭溪　　　　　　　　　　5.0

　　　1949年[23]　　　　　河北西黃村　　　　　　　　13.0

　　　1939-1940[24]　　　 蘇南5縣　　　　　　　　　10.9

　　無田產農戶比重的下降趨勢，也是明顯可見。這種變化一來可能是佃農購買少量土地，變成自耕農或半自耕農。更大的可能是無田產的貧戶遭受自然淘汰而出局。

　　最後讓我們檢視一下分配曲線的右端，也就是占地最多的大地主。在宋代，占地400畝以上的業戶被列為一等主戶[25]，有明文規定，各地方單位都登記在案，想來為數不是太少。但是到了明清，則很少有千畝以上大地主的紀錄，只有徐乾學、李衛等田產萬畝以上人家之傳聞，而在黃冊及編審冊中則看不到這類例子。對明清農村從事實證研究的學者都同意，到了明清，大地主已經消失，田產是分散在自耕農及中小業主的手中。下列數字是從明末清初南北兩地地籍檔冊的紀錄計算而得：

21　張佩國，《地權分配‧農家經濟‧村落社區──1900-1945年的山東農村》，頁69。

22　劉克祥，〈中國近代的地主雇工經營和經營地主〉，頁1-10。

23　柳柯，〈西黃村土地清冊所見〉，《中國經濟史研究》，1989，第4期，頁154。

24　曹幸穗，《舊中國蘇南農家經濟研究》，頁103。

25　漆俠，《宋代經濟史》，上冊，頁253。

時 期	地 區	地主平均占田
明萬曆10年[26]	休寧27都5圖	228畝
20年	同上	270畝
30年	同上	260畝
40年	同上	317畝
清康熙45年[27]	休寧3都12圖	28.1畝
50年	同上	28.5畝
55年	同上	28.7畝
乾隆26年[28]	休寧13都3圖	46.2畝
清康熙45年[29]	獲鹿縣各甲	260畝
50年	同上	289畝
55年	同上	315畝
60年	同上	213畝
雍正4年	同上	241畝
9年	同上	219畝
乾隆1年	同上	228畝
6年	同上	164畝
11年	同上	218畝
16年	同上	172畝
21年	同上	181畝
26年	同上	175畝
31年	同上	174畝
36年	同上	163畝

　　值得注意的是，到明清年間，地主戶占農戶總數的比重已經變得很小，例如上引獲鹿縣占地百畝以上大地主的比重，統計如下：

26　欒成顯，《明代黃冊研究》，頁232，占田100畝以上者列爲大地主。
27　《中國經濟通史》，頁1538，占地25畝以上者爲地主。
28　同上，1558頁，占地100畝以上者爲地主，包括紳衿地主。
29　葉顯恩，《明清徽州農村社會與佃僕制》(安徽人民出版社，1983)。

康熙45年　　1.19%　　雍正4年　　　1.54%

乾隆11年　　1.84%　　乾隆36年　　1.82%

應該指出的是，大地主家中的人口比一般農戶多，因爲某種原因，很多大戶人家幾代未曾析產，田產數量顯得多，但若折合成每人平均占田額，並不比中小地主多太多。

由於自然條件的差異，南方的地主比北方地主分散得快些。明清時期南方有些地區，已經找不到大地主，政府冊檔上登記的只有一兩戶中小地主，例如：

(1)休寧萬曆九年十五都五圖，登載522戶農戶，占地25畝以上者只有1戶，占地30.7畝。

(2)休寧康熙初年十四都九圖452戶中占地25畝以上者只有2戶，平均每戶占地33.8畝。

(3)休寧康熙五十年三都十二圖，184戶中占地25畝以上者共2戶，平均每戶占地28.5畝。至康熙五十五年，這兩戶地主每戶平均占地仍是28.7畝。

以上有關地主的統計數字，取自不同地區的冊檔，略嫌凌亂。現在再根據清初河北省獲鹿縣的編審冊，仔細檢視該地區的地主統計（見表7-3）。這裡共有14個編審冊，從康熙四十五年到乾隆三十六年，有65年的跨度，是同一地區的時間序列，可以提供更具體的啓示。我們把占地100畝以上的地主劃分爲兩級，即「大地主」及「次大地主」，也就是地權分配曲線右端的最高兩級，然後計算各編審年度地主占地的平均面積，不必利用迴歸曲線，從表中數字就可直接看出，「大地主」每戶平均占地畝數是在緩

慢下降；而第二級「次大地主」每戶平均占地面積大體未變。換言之，地權分配曲線之右端從尖端開始內縮。大地主戶沒落時，不會立即破產消失，而是逐漸變賣減少田產，變爲較小的地主戶，這是分配曲線右邊尾端內縮的標準過程。

表 7-3　獲鹿縣地主戶每戶平均占有耕地面積情況
（康熙四十五年至乾隆三十六年）

編審年分	編審甲數	次　大　地　主			大　　地　　主		
		戶數	占地總計(畝)	每戶平均(畝)	戶數	占地總計(畝)	每戶平均(畝)
康熙45年	27	35	5293.9	151.2	54	17837.2	330.3
50年	13	23	3378.3	146.9	26	10784.5	414.8
55年	16	16	2580.6	161.3	41	15390.0	375.4
60年	19	34	4315.0	141.6	29	8444.2	301.6
雍正4年	17	38	5848.4	153.9	48	14901.8	310.5
9年	18	30	4775.3	159.2	27	7739.4	286.6
乾隆1年	12	21	3247.9	154.7	19	5902.1	310.6
6年	13	35	5108.1	145.9	18	3626.3	201.5
11年	48	137	22635.8	165.2	78	24292.5	311.4
16年	10	52	7836.2	150.7	13	3350.3	257.7
21年	13	52	9192.5	176.8	13	2580.5	198.5
26年	11	50	7898.5	158.0	6	1592.2	325.4
31年	2	4	505.4	126.4	3	718.4	239.5
36年	9	22	3196.2	145.3	5	1224.4	244.9

資料來源：《獲鹿縣檔案》，康熙四十五年至乾隆三十六年《編審冊》。

表7-3的最後一欄，構成一套時間序列，我們可以計算其代表的趨勢線(trend line)如下：

$$Y=367.8-9.9X$$

這裡的時間單位是五年為一期。統計顯示河北省獲鹿縣的大地主每戶平均占田規模是每五年減少約10畝。我們相信全國各地大概都是這種情況，只是程度與下降的速度不同而已。

這個下降趨勢，到了廿世紀初年還在繼續。滿鐵在1935年曾經調查過華北453個村落的土地分配，把每個村落中的最大地主擁有之田畝數記錄下來，作成統計，（如表7-4）。這453個村落中最大地主占田千畝以上者只有兩處，三分之二(即66%或339個)村落中，其最大地主擁有田產不滿200畝，這比清初獲鹿縣的紀錄又縮減許多。滿鐵也曾以縣為單位，調查河北省各縣境內最大地主所占有土地之畝數，（如表7-5）。其中若干縣全境內最大地主只有

表 7-4　華北 453 個村落最大業主占田畝數（1935）

占田畝數分組	村落數
50畝以下	7
50-99畝	81
100-149畝	126
150-199畝	83
200-249畝	41
250-299畝	29
300-349畝	31
350-399畝	22
400-499畝	16
500-999畝	14
1,000-1,499畝	1
1,500畝以上	1
總　　數	453

資料來源：《滿鐵調查月報》，18卷1號，頁53。

表 7-5　河北省各縣境內最大地主占田數（1935）

大城縣	1,200畝
文安縣	1,500畝
新鎮縣	800畝
霸縣	1,000畝
新城縣	900畝
雄縣	5,000畝
容城縣	400畝
安新縣	7,500畝
任邱縣	200畝
河間縣	1,700畝
肅寧縣	400畝
饒陽縣	300畝
安平縣	250畝
深縣	400畝
武強縣	200畝
獻縣	1,600畝
宛平縣	2,000畝
良鄉縣	3,500畝
房山縣	1,300畝
涿縣	1,000畝
淶水縣	1,000畝
易縣	1,300畝
定興縣	1,000畝
徐水縣	500畝
清宛縣	200畝
滿城縣	625畝
完縣	300畝
淶源縣	400畝

資料來源：《滿鐵調查月報》，8卷1號，頁42，62。

200畝田地。特大號的地主出現在安新縣，有7500畝田地，達到萬

畝者無一人。南方地主比華北的地主沒落得更快，安徽及浙江的土地冊檔顯示，各地的最大業主占田都在百畝以下。

農村中沒有大地主，是特別值得注意之現象。如果村莊中大部分農戶只有十畝廿畝土地，即令分配不均，上下出入也不過是幾畝之差，沒有什麼實質意義。把有田地29畝之農戶稱為自耕農，有田地30畝之農戶稱為中小地主，不過是文字遊戲而已。

綜合上面的統計資料，我們可以肯定地說，北宋以來農村的地權分配確有明顯變化：地權分配的平均值大幅下降，標準差縮小，分配曲線的左右兩端都向內收縮，向中看齊。這些都證明「不斷集中論」及「無限集中論」都不能成立。無地農戶之比重未見增加，大地主卻逐漸消失，也證明「永遠的兼併」不是事實。

前面討論的吉尼係數下降的長期趨勢，以及農村破產或貧窮化三個特徵之出現，細審之，都是出於同一基本原因，那就是人口壓力。人口總數從北宋年間的一億增加到廿世紀中葉的5.5億，這是形成地權分配長期趨勢的基本原因。而這一長期中，有兩個時段的人口數增加尤其快。一個是北宋一百多年，人口增加率估計有千分之十[30]，這個時段，客戶比重由43.1%降至30.4%。另一人口加速增長的時段是清初後的盛世，年增率也不下於千分之十。這個時段農村地權分配之變化也最快，大地主消失，土地分配曲線的平均值快速下降。人口變化的長期趨勢與土地分配的長期趨勢相吻合，當非偶然之事。

---

30 漆俠，《宋代經濟史》，上冊，頁57。

　　當地少人多的情況越來越普遍，越來越嚴重，農民對土地越來越珍惜。已占有田產之業主，除非陷入萬不得已的絕境，輕易不肯出賣其田產。清代已經有人指出，「地寡人眾，惜地如金，雖有豪強，無由兼併。」各地方的土地市場長期陷入「賣方市場」的情況，兼併之家無法為所欲為。

　　人均耕地漸減，農業生產的剩餘也隨之減少，農戶積累的速度放慢。另一方面，人口增加後土地價格上漲。業者已經注意到土地的「購買年」在清代明顯增加[31]。於是在儲蓄減少地價增高的雙重壓力下，農戶越來越難擴充田產，往往要經過幾十年和幾代人，才能買進幾十畝田地。

　　研究者也常常提到，中國傳統諸子均分家產的繼承制度具有分解大田產的作用。然而這種作用的強弱要視人口增加的速度而定。繼承制本身並沒有固定的方向。如果人口的平均生育率是2，剛夠replacement rate，人口總數不變，每戶業主平均子女二人，一男一女，其中只有兒子可以繼承家產，理論上繼承制就發揮不了分解田產的作用。只有人口增加才能啟動這個機制的作用，因為參加析產人數增加。

　　這種種線索足以說明人口增加造成了地權分配的長期趨勢。「不斷集中論」或「無限集中論」是無法成立的，無怪二十世紀初的土地調查，一致指出大地主已經極為少見，土地產權絕大部份落於自耕農及中小地主手中。這種變化最突出的例子出現在江

31　彭超，〈明清時期徽州地區的土地價格與地租〉，《中國社會經濟史研究》，1988年第2期。

南的江蘇南部，其所以如此就是因為歷史後期蘇南地區承受的人口壓力最大。到了1939-1940年代滿鐵調查蘇南四縣十一個村莊時，這些地方只有中小地主，而且這些地主並不在村[32]，更值得注意的是，在這些村莊裡地主戶有173戶，而佃戶有159戶，地主戶多於佃戶。這173戶地主平均每戶出租4.92畝，其中無錫榮巷三村有地主戶36家，佃戶18家，地主為佃戶的兩倍，這36家地主每戶平均出租土地1.63畝。稱他們為地主戶，實在是恭維之辭，即令列為地主，也只是超小型地主。

曹幸穗對於蘇南地區滿鐵調查的統計資料詳加整理，對於該地區地權分配的前因後果，有如下解釋：

「工商業的發展，為資本獲得比地租更高的利潤提供了機會，從而改變了農村資金的流向。原先用於購買土地的大部分資金隨著地主大批離鄉進城轉化為工商業資本。它對農村土地關係的直接影響是大地主越來越少，中小地主越來越多。」

曹幸穗進一步說明這種地權再分配在蘇南地區形成了一個「怪圈」[33]：

　　不幸的是，舊中國農村，地權被遍布鄉間的中小地主所占有，分散的地權使數額巨大的地租化整為零，最終只成為一批寄生地主的消費資料。在這裡，我們看到一個舊中國社會經濟的「怪圈」。

32　曹幸穗，《舊中國蘇南農家經濟研究》，頁42-44。
33　同上，頁51。

工商業的發展使地租的相對收益率下降，導致財力雄厚的
富有者背向土地，地權日趨分散，最終又因地租分散而削
弱了社會的有效積累，進而反過來延緩了工業化的進程。

認爲中小地主比大地主更侈奢浪費，當非事實，更重要的
是：工商業與農業的利潤率相差懸殊是眾所週知的事實，但用此
來解釋中國農村土地再分配的前因後果，卻沒有接觸到問題的核
心，至少對蘇南地區情況之解釋並不恰當。工商業與農業的利潤
率相差懸殊，並非蘇南（或中國）所獨有的現象，世界各處比比皆
是，但各國並未走上蘇南這樣的途徑。我們可以試舉兩個眾所週
知的實例。在十九世紀，工業革命以後，西歐各國的工商業都有
不同程度的發展，各國的農業生產普遍遭逢利潤率遠落工商業之
後的困境。西歐各國的農業採取的辦法是結構轉型。農業生產要
想競爭圖存，最有效的辦法就是降低生產成本，使利潤率上升到
工商業的水平。於是大地主改組爲現代化農場，聘請專業人員，
採取現代化的經營方式，使用機械農具及其他新式農業投入，改
良運銷系統，務使利潤率能降到與工商投資相競爭的水平。中小
地主則將土地租給大佃戶或農業公司，同樣走上現代化營運的途
徑。一直到廿世紀，在西歐國家農地租佃還是很普通的事，但一
律是中小地主租地給大佃戶。像蘇南這樣，超級小地主將土地租
給超級小佃戶，化整爲零的現象未曾出現過。

香港是另一種農村轉型模式。到二戰結束時爲止，香港的新
界地區還存留一些小農戶，進行小規模的農業生產，情況類似蘇
南。新界農戶同樣面臨工商業高利潤率的壓力。然而到了六十年

代，新界的農戶紛紛轉業，整個香港地區變成了純工商業地區，徹底放棄了農業生產，沒有陷入蘇南模式。

很顯然，工業革命以後，工商業利潤高出農業的投資報酬率，是舉世皆然的事實，只是各地發生的時間早晚不同。蘇南的演變模式是一個特例，我們不能用上述理由來解釋。相反的，我們應該追問，為什麼在面臨一個全球的共同因素時中國蘇南地區會採取這樣獨特的方式來應付？依我們看，問題的真正核心也還是人口壓力。

蘇南地區是中國近兩三百年人口密度最高的地區，因此農村中過剩人口比重也最高[34]。曹先生自己的估計，蘇南地區剩餘人口之比重約為63%，而其中的無錫縣竟高達82%[35]。與其他國家相比，這是中國的經濟特色，更是蘇南地區的特色。西歐國家的農村社會，很少有剩餘人口，或者根本沒有剩餘人口，改變農場的結構，擴大規模，採用現代化投入，改善營運，降低農業生產成本，利潤率自然提高，這是與工商業投資競爭的長遠之計。香港

---

34 常有學者懷疑說，江南地區，尤其是蘇南，是全國最富庶的地方，一直到晚近還有從別處遷來此地的移民，蘇南怎麼會是過剩人口集中的地區？我在另一篇論文中解釋過，一個地區有無過剩人口是由邊際產量來決定，而一個地區是否富庶則是由平均產量來決定。人口之移動，基本上也是由兩地平均產量之比較來決定。以農業生產而論，平均產量是由土地肥力、氣溫及雨量條件等因素所決定。江南地區這些條件優越，所以是全國最富庶之地區。華北及西北之居民向江南移民，是因為江南的平均產量高，至於江南是否有人口過剩之情況，則非考慮的因素。事實上，江南是最富庶的地區，這才變成過剩人口最集中的地區。江南地區富庶是能夠容納大量過剩人口的先決條件。見趙岡，《農業經濟史論集》，頁36。

35 曹幸穗，《舊中國蘇南農家經濟研究》，頁111。

的情形又不同。新界的農戶爲數有限，而香港在二戰後的工商業發展十分快速，提供了太多的就業機會，農業人口轉業沒有什麼困難，整個農業生產部門在短短的時間內很自然的消失了。在蘇南，爲什麼眾多的小地主不肯全心轉業？爲什麼不憚其煩的把剩下的一點田地，每家1.6畝，出租給佃戶？佃戶們也不憚其煩的從三家五家的小地主手中租進不足十畝土地，耕種餬口？追根到底，這些都是存在大量過剩人口所導致的問題。農業人口無法全部轉業，也無法改變農場結構，最終形成了這個蘇南模式。

影響中國近二三百年經濟發展的主要因素之一，就是人口問題，忽視了這個因素，就會弄不清許多經濟現象的真正內因[36]。曹幸穗說：

---

36 例如傅衣凌教授晚年就產生很多大惑不解的問題。其中之一就是爲什麼江浙沿海的紡織業長期停留於家庭手工業階段，不易突破；而在內地山區，如秦嶺及巴山老林地區，卻有很多頗具規模的工場手工業，已經超過簡單的協作方式，進入資本主義萌芽的生產形態。傅教授覺得很難解釋。他自己提出的試行答案是，中國本身具有資本主義萌芽的潛力，但是在沿海一帶受到外來的經濟侵略，資本主義的萌芽夭亡，而內地山區地處偏僻，外力不達，無法阻撓其發展。見傅衣凌，〈我對於中國封建社會的再認識〉，載於《中國封建社會經濟結構研究》，中國社會科學出版社，1985年，第125頁，傅教授晚年尚在其他幾篇文章中提出這個疑問。大家都能看出，他的答案不能自圓其說。江南地區的棉紡織業不但沒有立即被新式紡織業擊毀，反而表現了無比的頑強抵抗。這個問題的真正答案就在於有無剩餘人口。江南地區剩餘人口爲數眾多，家庭手工業是能夠利用剩餘勞動唯一可行的方式，在任何情況下都會竭力殘留，而內地山區沒有剩餘人口，生產者必須採用節省勞動力的生產方式。

　　蘇南地主相繼離鄉進城，躋身於新興工商業，
由經營地主與雇工結合的雇佣關係，就逐漸在
本區消失[37]。

　這個說法是追隨1930年代費孝通先生在江村觀察得到的結論。費
先生認爲地主離鄉進城以後，無法再親自照顧並經營鄉下的農
場，所以都由經營地主改變爲租佃地主[38]。從靜態觀察，這種說
法也算言之成理，但從動態觀察，則是倒因爲果。

　　從歷史演變的痕跡來看，其步驟次序如下。第一步，大約在
明末時期，農戶發現，雇工經營農場要花費工資成本，而出租土
地不但不花工資成本，而且收益更高，於是紛紛放棄所經營的農
場，將土地出租給佃戶，由經營地主變爲租佃地主。沈氏農書中
所述正是這一階段的情況，經營農場開始在江南地區消失，它們
之消失並不待新式工商業之興起。第二步，經營地主改爲租佃地
主後，逐漸將分租制改爲定額租制，連每年監分監收的麻煩都免
除了，清初就是這個階段，我們可以從地主的收租簿上清楚看到
這種租佃制度的改變。到這個時期爲止，地主們並沒有明顯要離
鄉進城的動機。第三步，也就是清末時期，新式工商業興起，地
主們才對離鄉進城動了心，定額租制給了他們這種行動自由。從
這一連串的演變序列，可以看出，是經營地主早轉變，才使地主

37　曹幸穗，《舊中國蘇南農家經濟研究》，頁227。
38　Fei Hsiao-tung, *Peasant Life in China*(New York: Oxford University
　　Press, 1946), pp. 68-69。費先生認爲地主要遷入城市，無法照管農
　　場，經營地主才搖身變爲離鄉地主。

離鄉進城，而不是地主離鄉進城才導致經營地主的消失，我們不
應倒因為果[39]。

　　下面接著的問題是，蘇南的農場為什麼要化整為零？世界各
國泰半在調整農場規模，而蘇南卻反其道而行。其答案是：剩餘
人力太多，這種方式是最可行的利用剩餘人力的生產方式。只有
以家庭為生產單位的制度，才能吸收剩餘人口，家庭不能解雇成
員，但也不必為家庭成員的勞動付任何工資，勞動力變成了固定
生產要素，可以充分使用到其邊際產量為零時為止。經營的規模
越小越好，以最少的資本利用最多的人力[40]。農戶們不但依這個
原則耕種田地，也依這個原則安排副業，以副助農，得以全家餬
口。

　　我們都知道，在清末民初，江南沿海城市發展成新興工業
區，尤其是棉織業，然而就在這些通商口岸新式紗廠密集的地
方，仍存留著大量的手工紡織業。如以上海為例，根據1928年上
海特別市對所屬30個市區進行的副業調查，棉紡織副業還是十分
普遍，其中眞茹、蒲松兩區年產值都在十萬元以上。兩年後，上
海社會局抽樣調查140戶郊區農戶，發現三分之一(47戶)農戶仍操
紡織副業，共有紡車68架，布機94張。此外，又有人在1934及
1935年兩度精密調查，發現在郊區944戶，共計4094人，尚有862

39　我在《中國土地制度史》一書的第五章中，詳細說明此項理論，並
　　用數學方法加以證明。沈氏《農書》中也具體的算過這筆賬。
40　曹幸穗書中調查資料明確指出十畝以下的小農場，每畝投工量兩倍
　　於較大的農場，見頁231。

人以織布爲副業[41]。

綜合而言，要研究中國傳統農村的長期變遷，我們不能忽視人口增加對生產結構及地權分配的影響。

---

41 趙岡、陳鍾毅，《中國棉紡織史》（中國農業出版社，1997），頁 190。

附錄A

北宋主客戶統計

表 A1　太平寰宇記中之主客戶統計

地　域	主　戶	客　戶	總戶數	客戶佔總戶數之%
河南道	664195	567445	1231640	46
開封府	90232	88399	178631	49
河南府	42818	39139	81957	29
陝　州	12544	4899	17443	28
絨　州	4473	4679	9152	51
許　州	18546	21991	40537	54
汝　州	9535	14575	24110	60
滑　州	11946	1596	13542	10
鄭　州	10737	6538	17275	38
陳　州	11863	11048	22911	44
蔡　州	18397	29560	47957	62
穎　州	15715	17300	33015	52
宋　州	21250	24200	45450	53
亳　州	30813	26297	47116	56
鄆　州	15108	27724	42832	65
曹　州	19036	7598	26634	28
廣濟軍	5048	808	5856	14
濮　州	11726	4283	16009	27
濟　州	14191	2843	17034	17
單　州	19443	4339	23782	18
徐　州	16846	17580	34426	51
泗　州	7330	14596	21926	67
宿　州	112542	14693	127235	12

地　域	主　戶	客　戶	總戶數	客戶佔總戶數之%
淮陽軍	6167	10222	16389	62
漣水軍	1183	7341	8524	86
青　州	22549	28735	51284	56
濰　州	11278	10315	21593	48
淄　州	11282	18770	30052	62
齊　州	12803	19315	32118	60
登　州	15456	11458	26914	43
萊　州	15523	16508	32031	52
兗　州	10211	8048	18259	44
萊蕪監	562	1889	2451	77
海　州	6088	7246	13334	54
沂　州	15902	20697	36599	57
密　州	14052	22216	36268	61
………				
關西道	210163	127346	337509	38
雍　州	34450	26276	60726	13
同　州	22676	4819	27495	18
華　州	10169	6946	17115	4
鳳翔府	26790	13315	40105	33
耀　州	19800	6108	25908	24
乾　州	7369	1756	9125	19
隴　州	10971	8606	19577	44
涇　州	12171	5298	17469	33
原　州	3436	3549	6985	52
慶　州	4394	7587	11981	62
邠　州	14112	5785	19897	21
寧　州	11148	6833	18081	33
鄜　州	8901	12968	21869	59
坊　州	4075	8080	12155	66
丹　州	4146	2638	6784	39
延　州	12119	4272	16391	26

地　域	主　戶	客　戶	總戶數	客戶佔總戶數之%
通遠軍	2722	2235	4957	25
保安軍	714	275	989	28
……				
河東道	206593	56060	262653	21
井　州	26820	2502	29322	9
汾　州	15189	2039	17228	12
嵐　州	2730	1472	4202	35
石　州	3912	2417	6329	38
忻　州	4168	3240	7408	44
憲　州	1260	569	1829	31
晉　州	20889	4766	25655	19
澤　州	13108	10131	23239	44
遼　州	2717	4754	7471	64
潞　州	17911	6961	24872	28
蒲　州	21888	3593	25481	14
解　州	7250	1477	8727	17
絳　州	39932	6638	46570	14
慈　州	5311	630	5941	11
隰　州	8758	773	9531	8
代　州	3567	2415	5982	41
威勝軍	4172	327	4499	7
大通監	2709	521	3230	16
平定軍	1756	236	1992	12
岢嵐軍	1032	318	1350	24
寧化軍	414	281	695	40
……				
河北道	381385	205239	586624	35
孟　州	14235	7557	21792	35
懷　州	11356	3568	14924	50
魏　州	55987	20985	76972	27
博　州	16207	13331	29538	45

地　　域	主　戶	客　戶	總戶數	客戶佔總戶數之%
相　　州	11789	10126	21915	46
衛　　州	8514	1968	10482	19
磁　　州	10300	8302	18602	45
澶　　州	19317	4223	23540	18
德清軍	88	338	426	79
洺　　州	15013	12893	27906	46
貝　　州	16934	3473	20407	17
邢　　州	15408	14410	29818	48
祁　　州	4412	1023	5435	19
鎮　　州	38407	10570	48977	22
定　　州	22759	1894	24653	8
冀　　州	18635	3712	22347	16
深　　州	15488	5873	21361	27
德　　州	11356	3568	14924	24
棣　　州	15685	40493	56178	72
滄　　州	22375	27315	49690	55
瀛　　州	11364	4100	15464	26
莫　　州	4530	650	5180	13
霸　　州	3663	1244	4907	25
保　　州	2775	1000	3775	26
定遠軍	2984	1239	4223	29
乾寧軍	1708	299	2007	15
破虜軍	310	82	392	21
平塞軍	810	20	830	24
寧邊軍	5883	306	6189	50
保順軍	3093	677	3770	18
……				
劍南道	553016	289803	842819	34
益　　州	89438	42440	131878	32
彭　　州	26300	7680	33980	23
漢　　州	48538	10206	58744	17

地　域	主　戶	客　戶	總戶數	客戶佔總戶數之%
永康軍	14526	5857	20383	29
眉　州	31665	31258	62923	41
嘉　州	5691	23207	28898	80
蜀　州	36254	10322	46576	22
簡　州	10459	8010	16469	36
雅　州	80735	3826	84561	41
黎　州	332	186	518	36
黎　州	273	53	326	16
梓　州	37654	26261	63915	41
綿　州	28436	9280	37716	25
劍　州	7536	8304	15840	52
龍　州	890	642	1532	42
陵　州	12392	13115	25507	51
榮　州	50011	16704	66715	25
果　州	23249	6637	29886	22
閬　州	21746	22234	43980	51
遂　州	22047	16634	38681	43
普　州	1366	13144	14510	90
富順監	2298	3103	5401	51
昌　州	1180	12700	13880	71
……				
江南道	995722	632779	1628501	39
潤　州	10647	15900	26547	60
昇　州	44109	17570	61679	29
蘇　州	27889	7306	35195	21
常　州	28071	27481	55552	49
江陰軍	7645	6906	14551	48
杭　州	61600	8857	70457	12
婺　州	2982	64	3046	21
明　州	10878	16803	27681	61
台　州	17499	14442	31941	45

地　域	主　戶	客　戶	總戶數	客戶佔總戶數之%
溫　州	16082	24658	40740	60
福　州	48800	45676	94470	48
南劍州	33830	22840	56670	40
建　州	46637	43855	90492	48
邵武軍	34391	13490	47881	28
泉　州	52056	44525	96581	46
漳　州	19730	4277	24007	18
汀　州	19730	4277	24007	18
興化軍	13107	20600	33707	60
宣　州	34927	12025	46952	25
廣德軍	9706	1207	10913	11
歙　州	48560	3203	51763	6
太平州	11219	2841	14060	20
池　州	18381	15043	33424	45
洪　州	72350	31128	103478	30
筠　州	29396	16933	46329	37
饒　州	22805	23112	45917	50
信　州	28199	12486	40685	31
虔　州	67810	17336	85146	20
袁　州	44800	34903	79703	44
吉　州	58673	67780	126453	54
建昌軍	11002	7845	18847	42
江　州	12319	12045	24364	50
南康軍	14642	12306	26948	47
鄂　州	10470	15014	25484	60
涪　州	3501	8547	12048	71
黔　州	1279	2504	3783	66
⋯⋯				
淮南道	161776	216839	378615	58
揚　州	14914	14741	29655	51
和　州	4789	4961	9750	50

地　域	主　戶	客　戶	總戶數	客戶佔總戶數之%
楚　州	10578	13839	24417	57
舒　州	12842	19338	32180	60
廬　州	18817	26411	45228	57
蘄　州	14119	14817	28936	51
光　州	5251	13330	18581	72
滁　州	10839	9834	20673	48
濠　州	7447	10864	18311	59
壽　州	6997	26506	33503	76
泰　州	12188	20283	32471	62
通　州	8087	2700	10787	25
高郵軍	11628	9137	20765	44
天長軍	7148	7632	14780	52
建安軍	2055	7800	9855	79
黃　州	7342	3609	10951	33
漢陽軍	1439	2280	3719	61
安　州	4276	8312	12588	66
信陽軍	1020	446	1466	30
山南道	**173131**	**262611**	**435742**	**55**
興元府	11364	6170	17534	35
西　縣	1743	1714	3457	49
三泉縣	1102	1700	2802	61
文　州	5357	1094	6451	14
興　州	2222	2537	4759	53
利　州	4301	5399	9700	56
合　州	9061	17150	26211	65
渝　州	3692	16250	19942	82
開　州	2686	7859	10545	75
達　州	2660	10331	12991	84
洋　州	7441	3699	11140	33
渠　州	4036	17759	21795	82
廣安軍	6253	15463	21716	71

地　域	主　戶	客　戶	總戶數	客戶佔總戶數之%
巴　州	1693	7659	8752	88
蓬　州	6144	16056	22200	72
集　州	2713	3239	5952	54
壁　州	719	2137	2856	71
金　州	3617	8415	12032	70
商　州	3763	1305	5068	26
鄧　州	6010	14366	20376	71
唐　州	2387	5041	7428	68
均　州	3792	3827	7619	50
房　州	4882	690	5572	12
隨　州	3164	3049	6213	46
郢　州	1308	2658	3966	68
復　州	3117	4311	7428	58
襄　州	11363	15529	26892	58
光化軍	3685	3345	7030	48
荊　州	36174	27273	63447	43
荊門軍	1734	2336	4070	57
峽　州	2983	1418	4401	32
雲安軍	4310	3490	7800	45
夔　州	3857	3230	7087	46
歸　州	1127	1435	2562	57
萬　州	619	1285	1904	68
忠　州	1970	16720	18690	90
梁山軍	682	4672	5354	87
……				
隴右道				
秦　州	19144	24177	43321	56
成　州	3760	5880	9640	61
渭　州	1231	1292	2523	52
階　州	1069	4620	5689	85
……				

地　域	主　戶	客　戶	總戶數	客戶佔總戶數之%
嶺南道	87712	21617	109329	20
廣　州				
恩　州	634	146	780	19
春　州	392	13	405	3
冀　州	615	252	867	29
韶　州	9802	954	10756	9
端　州	223	620	843	74
循　州	6115	2224	8339	27
梅　州	1201	367	1568	23
英　州	4387	592	4979	12
南雄州	7738	625	8363	8
賀　州	4697	1762	6459	27
桂　州	16719	7719	24438	32
新　州	6087	121	6208	2
昭　州	3785	1340	5125	26
蒙　州	2577	812	4389	28
潯　州	332	881	1213	73
梧　州	1188	499	1687	30
象　州	1134	1360	2494	55
融　州	1800	718	2518	29
宜　州	1786	596	2382	25
雷　州	101	5	106	5
崖　州	340	11	351	3
……				
全國合計		2415708	5859551	41

附錄B

明清土地分配

表 B1　萬曆年間休寧縣十一、十二和十五都部分田地分配統計

戶別 (有地戶)	戶　　　數					田　地　畝　數				
	十一都 (三圖)	十二都 (一圖或 三圖)	十五都 (五圖)	合計	%	十一都 (三圖)	十二都 (一圖或 三圖)	十五都 (五圖)	合計	%
不足1畝	135	145	322	602	59.60	53.92	44.39	104.87	203.18	11.87
1—5畝	97	77	162	336	33.27	236.38	168.32	381.48	786.18	45.93
5—10畝	14	13	27	54	5.34	95.18	90.08	197.21	382.47	22.35
10—15畝	2	2	8	12	1.19	23.96	26.15	97.34	147.45	8.62
15—20畝	0	0	2	2	0.20	0	0	33.23	33.23	1.94
20—25畝	0	1	0	1	0.10	0	20.60	0	20.60	1.20
30—35畝	0	0	1	1	0.10	0	0	30.66	30.66	1.79
45—50畝	0	1	0	1	0.10	0	47.08	0	47.08	2.75
50畝以上	1	0	0	1	0.10	60.74	0	0	60.74	3.55
合計	249	239	522	1010	100	470.18	396.62	844.79	1711.59	100

註1：各號「見(現)業」戶主，如「分莊」欄另有詳細紀錄，即以後者為準。
　　同一業主姓名往往前後記載不一致：有的是同音異體，如金元隆或作
　　金元龍；有的以簡稱代全稱，如倪文憲亦作倪憲。還有的像是一個人
　　名，而實際是兩人或三人合稱，如汪正明實係汪正和汪明二人，通
　　邊還實係汪良通、汪良邊、汪良還三人。也有人名相同，而實非同一
　　人者。凡此等等須一一核對前後紀錄，並參考其人所在都圖甲，及其
　　他紀事和批註，予以確定。
註2：間有少數田地僅載步積，未記稅畝，姑按鄰近同則田地每步合稅畝數，
　　予以估算。同一號田地往往不只一個業主，如分戶僅列步積，則按本
　　號稅畝和步積的比率算出各戶稅畝；如分戶面積不詳，則依本號稅
　　畝，按戶均攤。
資料來源：《明清徽州土地關係研究》(1984)。

表 B2　萬曆年間休寧縣十一都三圖田地分配

戶別 （包括無地戶）	戶數		田地畝數	
	實數	%	實數	%
0-1畝	486*	70.03*	98.31	11.34
1-5畝	174	25.07	404.70	46.69
5-10畝	27	3.89	185.26	21.37
10-15畝	4	0.58	50.11	5.78
20-25畝	1	0.14	20.60	2.38
45-50畝	1	0.14	47.08	5.43
50畝以上	1	0.15	60.74	7.01
合　　計	694	100	866.80	100

註：各組上限數字，實際不足此數，如0-1實際是0-0.99。
*其中無地戶206戶，占總戶數的29.68%。
資料來源：同表B1。

表 B3　萬曆、康熙年間休寧縣個別都圖部分田地分配統計

戶別 （有地戶）	萬曆九年十五都五圖				康熙初年十四都九圖(或七圖)			
	戶數	%	田地畝數	%	戶數	%	田地畝數	%
不足1畝	322	61.69	104.87	12.41	237	52.43	104.76	11.25
1—5畝	162	31.04	381.48	45.16	170	37.61	338.82	36.40
5—10畝	27	5.17	197.21	23.35	27	5.97	174.40	18.74
10—15畝	8	1.53	97.34	11.52	9	1.99	101.09	10.86
15—20畝	2	0.38	33.23	3.93	3	0.67	52.00	5.59
20—25畝	0	0	0	0	4	0.89	92.03	9.89
25—30畝	0	0	0	0	1	0.22	29.68	3.19
30畝以上	1	0.19	30.66	3.63	1	0.22	37.95	4.08
合計	522	100	844.79	100	452	100	930.73	100

註：魚鱗冊材料的整理方法，參看前列統計表附註。
資料來源：同表B2。

表 B4　休寧縣三都十二圖地權分配統計

戶　別	康熙50年				康熙55年			
	戶數	%	田地畝數	%	戶數	%	田地畝數	%
0-1畝	55*	29.89	21.18	2.14	55*	27.92	21.81	2.37
1-5畝	56	30.44	150.75	15.20	76	38.58	201.64	21.97
5-10畝	35	19.02	253.40	25.54	33	16.75	222.78	24.27
10-15畝	24	13.04	290.67	29.30	23	11.67	272.32	29.67
15-20畝	9	4.89	153.94	15.52	5	2.54	80.75	8.80
20-25畝	3	1.63	65.09	6.56	3	1.52	61.15	6.6
25-30畝	2	1.09	56.97	5.74	2	1.02	57.51	6.26
合　計	184	100	992.00	100	197	100	917.96	100

註：各組上限數字，實際不足此數，如0-1，實際是0-0.99。
* 內有無地戶10戶。
資料來源：同表B1。

表 B5　休寧縣三都十二圖地權分配變動情況

戶別	康熙45年				康熙50年				康熙55年			
	戶數	%	田地畝數	%	戶數	%	田地畝數	%	戶數	%	田地畝數	%
0-1畝	35*	23.97	13.03	1.66	40*	27.40	15.28	2.01	40*	27.40	14.33	1.96
1-5畝	50	34.25	129.72	16.46	50	34.25	134.07	17.59	52	35.62	138.82	18.97
5-10畝	32	21.92	223.04	28.30	28	19.18	197.74	25.95	27	18.49	178.69	24.41
10-15畝	19	13.01	224.22	28.45	17	11.64	199.99	26.24	17	11.64	200.67	27.42
15-20畝	7	4.79	119.16	15.12	7	4.79	117.08	15.36	5	3.42	80.75	11.03
20-25畝	1	0.69	22.61	2.87	2	1.37	40.91	5.37	3	2.06	61.15	8.35
25-30畝	2	1.37	56.27	7.14	2	1.37	56.97	7.48	2	1.37	57.51	7.86
合計	146	100	788.05	100	146	100	762.04	100	146	100	731.92	100

註：參看前表附註。
*內有無地戶9戶。
資料來源：同表B1。

表 B6　乾隆二十六年休寧縣十三都三圖地權分配統計

戶別	戶數	%	田地畝數	%
0-1畝	25*	21.55	14.10	1.70
1-5畝	47	40.52	124.82	15.08
5-10畝	21	13.10	157.90	19.08
10-15畝	8	6.90	90.59	10.95
15-20畝	4	3.45	74.98	9.06
20-25畝	6	5.17	134.39	16.24
25-30畝	1	0.86	25.52	3.08
30-35畝	2	1.73	63.42	7.66
35-40畝	1	0.86	39.06	4.72
40畝以上	1	0.86	102.90	12.43
合　　計	116	100	827.68	100

註：參看前表附註。

＊內有無地戶1戶。

資料來源：同表B1。

表 B7　萬曆、康熙年間休寧縣個別都圖部分田地分配統計

戶別(有地戶)	萬曆九年十五都五圖				康熙初年十四都九圖(或七圖)			
	戶數	%	田地畝數	%	戶數	%	田地畝數	%
不足1畝	322	61.69	104.87	12.41	237	52.43	104.76	11.25
1-5畝	162	31.04	381.48	45.16	170	37.61	338.82	36.40
5-10畝	27	5.17	197.21	23.35	27	5.97	174.40	18.74
10-15畝	8	1.53	97.43	11.52	9	1.99	101.09	10.86
15-20畝	2	0.38	33.23	3.93	3	0.67	52.00	5.59
20-25畝	0	0	0	0	4	0.89	92.03	9.89
25-30畝	0	0	0	0	1	0.22	29.68	3.19
30畝以上	1	0.19	30.66	3.63	1	0.22	37.95	4.08
合　　計	522	100	844.79	100	452	100	930.73	100

資料來源：中國社會科學院經濟研究所藏「屯溪檔案」。

表 B8　二十七都五圖業戶土地占有分類表

(單位：稅畝)

業戶占有土地類別 (畝)	萬曆十年		萬曆二十年		萬曆三十年		萬曆四十年	
	戶數	土地類計	戶數	土地類計	戶數	土地類計	戶數	土地類計
無產戶	30	0	22	0	14	0	11	0
0～5	43	86.137	46	82.735	48	74.728	52	89.983
5～10	13	104.083	16	112.229	17	118.955	21	149.743
10～20	17	243.537	21	307.775	36	558.067	29	442.813
20～30	12	278.029	15	367.138	10	254.157	16	392.123
30～50	14	534.364	15	554.402	18	665.557	14	523.159
50～100	5	365.226	7	553.687	6	415.144	8	537.515
100以上	7	1597.843	4	1080.703	5	1298.533	4	1267.715
總計	141	3209.219	146	3058.669	156	3385.141	156	3403.052

資料來源：欒成顯，《明代黃冊研究》。

表 B9　清初二十七都五圖三甲地權分配統計

(單位：折實畝)

業主占有土地類別	順治八年				順治十三年			
	戶數		面積(類計)		戶數		面積(類計)	
	實數	%	實數	%	實數	%	實數	%
0—5不滿	6	15	8.48631	1	7	18	7.44	0.8
5—10不滿	3	8	19.59277	2	2	5	14.09	1.6
10—30不滿	25	64	469.81386	57	23	59	465.92	52
30—50不滿	4	10	152.83748	19	5	13	205	22.9
50—100不滿	0	0	0	0	1	2.5	53.62	6
100以上	1	3	170.4446	21	1	2.5	149.29	16.7
總　計	39	100	821.17502	100	39	100	895.36	100

(續)

業主占有 土地類別	康熙元年				康熙六年			
	戶數		面積(累計)		戶數		面積(累計)	
	實數	%	實數	%	實數	%	實數	%
0—5不滿	5	13	4.72	0.5	5	13	7.74262	1
5—10不滿	2	5	15.44	1.5	1	2.5	5.00534	1
10—30不滿	20	51	382.7	37	19	49	338.1086	31
30—50不滿	8	21	326.47	31	9	23	356.25534	33
50—100不滿	3	7.5	168.29	16	4	10	219.87727	20
100以上	1	2.5	148.25	14	1	2.5	155.09181	14
總　計	39	100	1045.87	100	39	100	1082.08098	100

(續)

業戶占有土 地類別	康熙十年				康熙二十年			
	戶數		面積(累計)		戶數		面積(累計)	
	實數	%	實數	%	實數	%	實數	%
0〜5不滿	4	10	3.83	0.3	4	8	12.61286	1
5〜10不滿	2	5	15.27	1.3	6	13	47.07665	3
10〜30不滿	19	46.3	360.75	30.9	21	45	491.69296	32
30〜50不滿	10	24.3	320.97	27.6	9	19	371.62101	24
50〜100不滿	5	12	301.38	25.9	5	11	331.62789	22
100以上	1	2.4	162.07	14	2	4	270.54742	18
總　計	41	100	1164.27	100	47	100	1525.17879	100

(續)

業戶占有 土地類別	康熙二十五年				康熙三十年			
	戶數		面積(累計)		戶數		面積(累計)	
	實數	%	實數	%	實數	%	實數	%
0〜5不滿	7	14.3	21.49	1.4	6	12	16.56	1.1
5〜10不滿	3	6	23.43	1.5	6	12	45.85	3
10〜30不滿	21	43	407	26.8	19	39	392.22	25.9
30〜50不滿	8	16.3	310.49	20.4	8	16	326.61	21.5

50～100不滿	9	18.4	591.34	38.9	9	19	572.53	37.8
100以上	1	2	166.56	11	1	2	161.57	10.7
總　計	49	100	1520.31	100	49	100	1515.34	100

（續）

業主占有 土地類別	康熙三十五年				康熙四十年			
	戶數		面積(類計)		戶數		面積(類計)	
	實數	%	實數	%	實數	%	實數	%
0～5不滿	7	14	18.02	1.1	7	13	14.36123	1
5～10不滿	5	10	40.44	2.5	5	9	38.79125	2
10～30不滿	19	38	400.5	24.9	20	38	441.53228	25
30～50不滿	9	18	367.27	23	11	21	449.74938	26
50～100不滿	9	18	625.42	39	9	17	638.72298	37
100以上	1	2	158.54	9.5	1	2	156.54623	9
總　計	50	100	1610.119	100	53	100	1739.70335	100

資料來源：安徽省博物館。

表 B10　二十七都五圖各業戶占有田地山塘總額分類表

（單位：稅畝）

業戶占有 土地類別	戶數		面積(類計)	
	實數	%	實數	%
無產戶	33	23	0	0
0～5不滿	43	30	87.6734	3
5～10不滿	12	8	93.5074	3
10～20不滿	18	13	267.6372	8
20～30不滿	12	8	278.1826	9
30～50不滿	13	9	499.6767	16
50～100不滿	5	4	364.7168	11
100以上	7	5	1596.0573	50
總　計	143	100	3187.4514	100

表 B10-1 二十七都五圖各業戶占有田的數額分類表

(單位：稅畝)

占田類別	戶數		面積(類計)	
	實數	%	實數	%
無田戶	50	35	0	0
0～5不滿	37	26	74.1711	4
5～10不滿	13	9	102.3930	5
10～20不滿	15	10	209.1390	10
20～30不滿	11	8	281.3780	14
30～50不滿	11	8	404.2778	20
50～100不滿	2	1	144.1040	7
100以上	4	3	810.1758	40
總　　計	143	100	2025.6387	100

資料來源：同表B8。

表 B11 休寧縣三都十二圖地權分配變動情況

戶　別	康熙四十五年				康熙五十年				康熙五十五年			
	戶數	%	田地畝數	%	戶數	%	田地畝數	%	戶數	%	田地畝數	%
0-1畝	35*	23.97	13.03	1.66	40*	27.40	15.28	2.01	40*	27.40	14.38	1.96
1-5畝	50	34.25	129.72	16.46	50	34.25	134.07	17.59	52	35.62	138.82	18.97
5-10畝	32	21.92	223.04	28.30	28	19.18	197.74	25.95	27	18.49	178.69	24.41
10-15畝	19	13.01	224.22	28.45	17	11.64	199.99	26.24	17	11.64	200.67	27.42
15-20畝	7	4.79	119.16	15.12	7	4.79	117.08	15.36	5	3.42	80.75	11.03
20-25畝	1	0.69	22.61	2.87	2	1.37	40.91	5.37	3	2.06	61.15	8.35
25-30畝	2	1.37	56.27	7.14	2	1.37	56.97	7.48	2	1.37	57.51	7.86

| 合 計 | 146 | 100 | 788.05 | 100 | 146 | 762.04 | 146 | 100 | 100 | 731.92 | 100 | |

資料來源：《中國經濟通史》，《清代經濟》卷，第四編。

表 B12　休寧縣三都十二圖地權分配統計

戶　　別	康熙五十年				康熙五十五年			
	戶數	%	田地畝數	%	戶數	%	田地畝數	%
0-1畝	55*	29.89	21.18	2.14	55*	27.92	21.81	2.37
1-5畝	56	30.44	150.75	15.20	76	38.58	201.64	21.97
5-10畝	35	19.02	253.40	25.54	33	16.75	222.78	24.27
10-15畝	24	13.04	290.67	29.30	23	11.67	272.32	29.67
15-20畝	9	4.89	153.94	15.52	5	2.54	80.75	8.80
20-25畝	3	1.63	65.09	6.56	3	1.52	61.15	6.66
25-30畝	2	1.09	56.97	5.74	2	1.02	57.51	6.26
合　　計	184	100	992.00	100	197	100	917.96	100

註：各組上限數字，實際不足此數，如0-1，實際是0-0.99。
＊內有無地戶10戶。
資料來源：同表B11。

表 B13　康熙五十五年(1716)安徽省休寧縣三都十二圖六甲各類農戶占地統計表

類　　別	戶　　口		土　　地	
	戶數	%	耕地(畝)	%
無地戶	11	4.7		
不足1畝戶	58	24.9	27.4	2.4
1-5畝戶	83	35.6	221.5	19.5
5-10畝戶	39	16.7	273.1	24.1
10-15畝戶	29	12.4	351.8	31.0
15-20畝戶	7	3.0	117.6	10.4
20-25畝戶	4	1.7	85.3	7.5
25-30畝戶	2	0.9	57.5	5.1
合　　計	233	100.0	1,134.3	100.0

資料來源：中國社會科學院經濟研究所藏「休寧縣三都十二圖(上)編審紅冊」，#稅A20，#稅147。

表 B14　康熙乾隆年間休寧縣個別都圖地權分配比較

戶　別 (有地戶)	康熙初年休寧縣十四都 九圖(或七圖)		乾隆二十六年休寧縣 十三都三圖	
	戶數%	田地%	戶數%	田地%
不足1畝	52.43	11.25	20.87	1.70
1-5畝	37.61	36.40	40.87	15.08
5-10畝	5.97	18.74	18.26	19.08
10-15畝	1.99	10.86	6.95	10.95
15-20畝	0.67	5.59	3.48	9.06
20-25畝	0.89	9.89	5.22	16.24
25-30畝	0.22	3.19	0.87	3.08
30畝以上	0.22	4.08	3.48	24.81
合　　計	100	100	100	100

註：乾隆二十六年的編審冊中，可以看到二十一年的數字，但間隔時間太短，看不出多少變化來。

資料來源：同表B11。

表 B15　休寧縣三都二圖六甲各類農戶占地情況統計表

(康熙五十五年)

類　　別	戶　數	%	耕地面積(畝)	%
無地戶	11	4.7		
不足1畝戶	58	24.9	27.4	2.4
1-5畝戶	83	35.6	221.5	19.5
5-10畝戶	39	16.7	273.1	24.1
10-15畝戶	29	12.4	351.8	31.0
15-20畝戶	7	3.0	117.6	10.4
20-25畝戶	4	1.7	85.3	7.5
25-30畝戶	2	0.9	57.5	5.1
合　　計	233	100.0	1134.3	100.0

資料來源：中國社會科學院經濟研究所藏「休寧縣三都十二圖(上)編審冊」，＃稅A20，＃147。

表 B16　乾隆二十六年休寧縣十三都三圖地權分配統計

戶　　別	戶　數	％	田地畝數	％
0-1畝	25*	21.55	14.10	1.70
1-5畝	47	40.52	124.82	15.08
5-10畝	21	18.10	157.90	19.08
10-15畝	8	6.90	90.59	10.95
15-20畝	4	3.45	74.98	9.06
20-25畝	6	5.17	134.39	16.24
25-30畝	1	0.86	25.52	3.08
30-35畝	2	1.73	63.42	7.66
35-40畝	1	0.86	39.06	4.72
40畝以上	1	0.86	102.90	12.43
合　　計	116	100	827.68	100

註：參看前表附註。資料來源：同表B11。
＊內有無地戶1戶。

表 B17　康熙五年長洲縣下二十一都二十圖地權分配

戶　　別	戶　數	％	土地(畝)	％
無地戶	177	47.2	0	0
不足5畝	117	31.2	170.339	7.9
5-9.99畝	29	7.7	199.449	9.2
10-19.99畝	23	6.1	312.556	14.4
20-29.99畝	14	3.7	339.037	15.6
30-39.99畝	1	0.3	38.925	1.8
40-49.99畝	1	0.3	42.469	2.0
50-99.99畝	11	2.9	739.687	36.6
100畝以上	2	0.6	269.972	12.5
合　　計	375	100.0	2,166.434	100.0

資料來源：章有義，《中國經濟史研究》(1988-4)。

表 B18　康熙十五年長洲縣西十八都三十一圖地權分配

戶　別	戶　數	%	土地(畝)	%
無地戶	171	44.0	0	0
不足5畝	97	24.9	221.926	8.8
5-9.99畝	53	13.6	385.863	15.2
10-19.99畝	39	10.0	556.993	22.0
20-29.99畝	10	2.6	230.761	9.1
30-39.99畝	4	1.0	146.688	5.8
40-49.99畝	5	1.3	230.184	9.1
50-99.99畝	8	2.1	533.228	21.0
100畝以上	2	0.5	228.920	9.0
合　計	389	100.0	2,534.563	100.0

資料來源：同表B17。

表 B19　康熙十五年長洲縣下二十一都三圖地權分配

戶　別	戶　數	%	土地(畝)	%
無地戶	313	53.9	0	0
不足5畝	182	31.3	323.878	10.8
5-9.99畝	33	5.7	218.333	7.3
10-19.99畝	24	4.1	349.674	11.7
20-29.99畝	5	0.9	112.023	3.7
30-39.99畝	6	1.0	201.913	6.7
40-49.99畝	3	0.5	139.998	4.7
50-99.99畝	11	1.9	800.194	26.7
100畝以上	4	0.7	853.206	28.4
合　計	581	100.0	2,999.219	100.0

資料來源：同表B17

表 B20　康熙初年長洲縣三個圖地權分配綜合統計

戶　　別	戶　　數	%	土地(畝)	%
無地戶	661	49.4	0	0
不足5畝	395	29.5	713.943	9.3
5-9.99畝	115	8.6	803.645	10.4
10-19.99畝	84	6.3	1,185.519	15.4
20-29.99畝	27	2.0	640.589	8.3
30-39.99畝	10	0.7	355.733	4.6
40-49.99畝	8	0.6	370.182	4.8
50-99.99畝	29	2.2	2,124.557	27.6
100畝以上	9	0.7	1,506.048	19.6
合　　計	1338	100.0	7,700.216	100.0

註：各組戶數和土地畝數不等於三個圖之和，因爲有些業主同時在下二十一
　　都三圖和二十圖占有田地。
資料來源：同表B17。

表 B21　江蘇長洲縣康熙十五年土地分配

田產畝數	戶　　數	百分比
0.1-4.9	243	69.6
5.0-9.9	45	12.9
10.0-19.9	25	7.2
20.0-29.9	15	4.3
30.0-39.9	5	1.4
40.0-49.9	5	1.4
50.0-74.9	4	1.2
75.0-99.9	6	1.7
100及以上	1	0.3
總　　計	349	100.0

資料來源：趙岡、陳鍾毅《中國土地制度史》，(1982)。

B22　逐安縣兩個地區的土地分配

田產數量(稅畝)	同治元年(1862)		宣統元年(1909)	
	戶數	百分比	戶數	百分比
0	50	13.3	445	34.6
0.01-0.99	89	23.7	147	11.5
1.00-2.99	122	32.5	304	23.6
3.00-4.99	36	9.6	151	11.7
5.00-6.99	24	6.5	75	5.8
7.00-9.99	24	6.5	60	4.7
10.00-14.99	8	2.2	48	3.7
15.00-19.99	13	3.4	23	1.8
20.00-24.99	3	0.8	12	0.9
25.00-29.99	2	0.5	5	0.4
30.00-39.99	4	1.0	7	0.5
40.00-49.99	0	0.0	5	0.4
50.00-69.99	0	0.0	2	0.2
70.00-99.99	0	0.0	2	0.2
100.00以上	0	0.0	0	0.0
總計	375	100.0	1286	100.0

資料來源：同表B21。

B23　康熙四十五年直隸獲鹿縣二十五甲各類農戶占地情況

類　　別	戶數	%	耕地畝數	%	類　　別	戶數	%	耕地畝數	%
無地戶	1201	18.2			60至70畝戶	40	0.6	2582.0	2.6
不足1畝戶	240	3.6	120.9	0.1	70至80畝戶	27	0.4	2018.9	2.1
1至10畝戶	2256	34.3	11950.0	12.2	80至90畝戶	10	0.2	835.4	0.8
10至20畝戶	1497	22.7	21476.3	21.9	90至100畝戶	15	0.2	1437.2	1.5
20至30畝戶	722	11.0	17392.2	17.7	100至150畝戶	31	0.5	3623.8	3.7
30至40畝戶	296	4.5	10180.1	10.4	150至200畝戶	20	0.3	3397.0	3.5
40至50畝戶	117	1.8	5170.7	5.3	200畝戶以上	31	0.5	13696.4	14.0
50至60畝戶	78	1.2	4244.2	4.3	合計	6581		98125.1	

資料來源：「獲鹿縣編審冊」。

B24　康熙四十五年（1706）與乾隆元年（1736）直隸獲鹿縣三社四甲各類農戶占地比較表

類別 \ 戶數、地畝 時間	戶數				耕地面積（畝）			
	康熙四十五年（1706）	%	乾隆元年（1736）	%	康熙四十五年（1706）	%	乾隆元年（1736）	%
無地戶	209	19.5	279	25.5				
不足1畝戶	40	3.7	55	5.0	21.7	0.1	35.4	0.2
1-10畝戶	348	32.5	332	30.3	1,859.1	12.3	1,742.0	11.1
10-20畝戶	247	23.1	201	18.4	3,441.9	22.9	2,877.4	18.4
20-30畝戶	106	9.9	91	8.3	2,512.6	16.7	2,246.8	14.3
30-40畝戶	48	4.5	48	4.4	1,667.6	11.1	1,610.6	10.3
40-50畝戶	22	2.1	24	2.2	975.2	6.5	1,064.5	6.8
50-60畝戶	19	1.8	22	2.0	1,049.4	7.0	1,180.1	7.5
60-70畝戶	14	1.3	13	1.2	897.8	6.0	835.1	5.3
70-80畝戶	3	0.3	7	0.6	227.6	1.5	525.2	3.4
80-90畝戶	2	0.2	1	0.1	165.9	1.1	87.3	0.6
90-100畝戶	1	0.1	2	0.2	98.3	0.7	189.2	1.2
100-150畝戶	5	0.5	6	0.5	598.2	4.0	828.6	5.3
150-200畝戶	4	0.4	8	0.7	731.2	4.9	1,190.8	7.6
200畝以上戶	3	0.3	5	0.5	807.2	5.4	1,244.9	8.0
合　　計	1071	1094			15,053.7		15,658.9	

資料來源：《獲鹿縣編審冊》。

表 B25　直隸獲鹿縣九十一個甲土地占有分類統計表

各類戶別	戶數	%	土地數（畝）	%
無地戶	5331	25.3	0	0
不足1畝	888	4.2	439	0.2
1～5	3507	16.7	10207	3.2
5～10	3172	15.1	22948	7.3

10～15	2137	10.1	26157	8.3

資料來源：戴逸主編《簡明清史》第一冊，（人民出版社，1980年），頁346-348。江太新，〈清初墾荒政策及地權分配情況的考察〉，《歷史研究》1982年第5期。黃宗智《華北的小農經濟與社會變遷》一書中亦轉引了有關統計。

表 B26　清代前期獲鹿縣地權分配情況

類別	康熙四十五年				雍正四年			
	戶數		耕地		戶數		耕地	
	戶	%	畝	%	戶	%	畝	%
無地戶	1324	17.61			1234	22.07		
不足1畝戶	257	3.42	128.5	0.11	251	4.49	130.5	0.16
1－5	1180	15.69	3616.7	3.15	1089	19.47	3152.6	3.95
5－10	1340	17.82	9847.0	8.57	1006	17.99	7216.4	9.04
10－15	1038	13.80	12758.9	11.11	626	11.19	7231.0	9.05
15－20	729	9.69	12669.6	11.03	379	6.78	6516.4	8.16
20－25	521	6.93	11525.6	10.03	223	3.99	4952.1	6.20
25－30	336	4.47	9165.3	7.98	168	3.00	4581.9	5.74
30－35	226	3.00	7228.2	6.29	143	2.56	4644.3	5.81
35－40	137	1.82	5213.2	4.54	84	1.50	3124.8	3.91
40－45	82	1.09	3494.4	3.04	79	1.41	3353.5	4.20
45－50	58	0.77	2717.4	2.37	37	0.66	1758.4	2.20
50－60	90	1.20	4899.8	4.26	73	1.31	3958.0	4.96
60－70	48	0.64	3105.0	2.70	47	0.84	3035.6	3.80
70－80	31	0.41	2309.4	2.02	31	0.55	2307.3	2.89
80－90	15	0.20	1254.4	1.09	21	0.38	1727.0	2.16
90－100	19	0.25	1817.3	1.58	15	0.27	1426.7	1.79
100以上 庶民	35	0.47	5293.9	4.61	38	0.68	5848.4	7.32
100以上 紳衿	54	0.72	17837.2	15.53	48	0.86	14901.8	18.66
合計	7520	100.00	114882	100.00	5592	100.00	79866.7	100.00

（續表）

類別	乾隆十一年				乾隆三十六年			
	戶數		耕地		戶數		耕地	
	戶	%	畝	%	戶	%	畝	%
無地戶	3009	25.69			244	16.45		
不足1畝戶	574	4.90	290.9	0.16	91	6.14	43	0.19
1－5	2132	18.20	6201.8	3.49	326	21.98	924.3	412
5－10	1738	14.84	13016.6	7.32	252	16.99	1830.1	8.16
10－15	1071	9.14	13269.5	7.46	144	9.71	1788.5	7.98
15－20	791	6.75	13585.5	7.46	105	7.09	1839.4	8.20
20－25	559	4.77	12454.7	7.00	73	4.92	1692.0	7.55
25－30	373	3.18	10201.8	5.73	46	3.10	1243.7	5.55
30－35	302	2.58	9881.6	5.56	40	2.70	1307.9	5.83
35－40	207	1.77	7704.6	4.33	25	1.69	942.8	4.21
40－45	133	1.14	5650.8	3.18	23	1.55	985.6	4.40
45－50	125	1.07	5857.1	3.29	16	1.08	752.9	3.36
50－60	170	1.45	9298.6	5.23	30	2.02	1659.0	7.40
60－70	130	1.11	8324.7	4.68	15	1.01	887.1	3.96
70－80	81	0.69	6094.4	3.43	14	0.94	1043.7	4.66
80－90	67	0.57	5658.3	3.18	8	0.54	674.4	3.01
90－100	36	0.31	3428.1	1.93	4	0.27	381.7	1.70
100以上 庶民	137	1.17	22635.8	12.73	22	1.48	3196.2	14.26
紳衿	78	0.67	24292.5	13.66	5	0.34	1224.4	5.46
合計	11713	100.00	177847.3	100.00	1483	100.00	22416.7	100.00

資料來源：獲鹿縣檔案「編審冊」。

表 B27　清代獲鹿縣康熙五十年四社各類農戶占地統計

類別	戶數		地畝		註釋
	戶數	%	畝數	%	
無地戶	805	22.46			
1畝以下戶	106	2.96	56.2	1.05	

1-5畝户	582	16.24	1796.8	3.37	
5-10畝户	643	17.94	4792.3	8.98	
10-15畝户	477	13.31	5882.6	11.02	
15-20畝户	284	7.92	4847.1	9.08	
20-25畝户	219	6.11	4893.8	9.17	
25-30畝户	135	3.77	3662.8	6.86	
30-35畝户	76	2.12	2440.9	4.57	
35-40畝户	48	1.34	1792.8	3.36	
40-45畝户	45	1.26	1904	3.57	
45-50畝户	22	0.61	1044	1.96	
50-60畝户	49	1.37	2702	5.06	
60-70畝户	16	0.45	1031.5	1.93	
70-80畝户	10	0.28	737.9	1.38	
80-90畝户	7	0.2	589	1.1	
90-100畝户	11	0.31	1034.3	1.94	
100畝 庶民户	23	0.64	3378.3	6.33	
以上户 地主户	26	0.73	10784.5	20.21	
合　　　計	3584		53370.8		

資料來源：獲鹿縣檔案「編審冊」。

表 B28　清代獲鹿縣康熙五十五年六社各類農戶占地統計

類　　　別	户　數		地　畝		註　釋
	户數	%	畝數	%	
無地户	746	18.29			
1畝以下户	128	3.13	84.2	0.13	
1-5畝户	740	18.08	2250.8	3.36	
5-10畝户	727	17.77	5314	7.94	
10-15畝户	524	12.81	6384.7	9.54	
15-20畝户	347	8.48	6036.3	9.02	
20-25畝户	262	6.4	5837.2	8.73	
25-30畝户	149	3.64	4079.3	6.1	

30-35畝戶		120	2.93	3915.2	5.85	
35-40畝戶		90	2.2	3352.3	5.01	
40-45畝戶		51	1.25	2123.6	3.17	
45-50畝戶		35	0.86	1670.6	2.5	
50-60畝戶		40	0.98	2194.4	3.28	
60-70畝戶		30	0.73	1911.9	2.86	
70-80畝戶		21	0.51	1562.5	2.34	
80-90畝戶		16	0.39	1346.7	20.1	
90-100畝戶		9	0.22	866.3	1.29	
100畝	庶民戶	16	0.39	2580.6	3.86	
以上戶	地主戶	41	1	15390	23	
合　　計		4092		66900.6		

資料來源：獲鹿縣檔案「編審冊」。

表 B29　清代獲鹿縣康熙六十年七社各類農戶占地統計

類　　別	戶　　數		地　畝		註　釋
	戶數	%	畝數	%	
無地戶	854	19.37			
1畝以下戶	171	3.88	80.6	0.13	
1-5畝戶	766	17.37	2227.4	3.55	
5-10畝戶	794	18	5795.2	9.24	
10-15畝戶	588	13.33	6255.6	9.97	
15-20畝戶	371	8.41	6364.3	10.14	
20-25畝戶	258	5.85	5737.7	9.15	
25-30畝戶	145	3.29	3932.8	6.27	
30-35畝戶	101	2.29	3269.9	5.21	
35-40畝戶	74	1.68	2759.9	4.4	
40-45畝戶	53	1.2	2208	3.52	
45-50畝戶	36	0.82	1693.8	2.7	
50-60畝戶	63	1.47	3465.4	5.52	
60-70畝戶	27	0.61	1752.9	2.79	

	17	0.39	1250.8	1.99	
70-80畝户	17	0.39	1250.8	1.99	
80-90畝户	14	0.32	1189.5	1.9	
90-100畝户	16	0.36	1497.0	2.39	
100畝 以上户 庶民户	34	0.75	4815.0	7.67	
地主户	28	0.66	8444.2	13.46	
合　　計	4410		62740		

表 B30　清代獲鹿縣雍正九年八社各類農户占地統計

類　　別	户　數		地　畝		註　釋
	户數	%	畝數	%	
無地户	1376	23.16			
1畝以下户	272	4.58	139	0.18	
1-5畝户	1106	18.62	3243.5	4.24	
5-10畝户	1035	17.42	7482.7	9.78	
10-15畝户	647	10.89	7500.9	9.81	
15-20畝户	431	7.25	7471.4	9.77	
20-25畝户	264	4.44	5828.2	7.62	
25-30畝户	179	3.01	4896	6.4	
30-35畝户	150	2.52	4811.3	6.29	
35-40畝户	97	1.63	3599.2	4.71	
40-45畝户	64	1.08	2693.9	3.52	
45-50畝户	54	0.91	2578.9	3.37	
50-60畝户	97	1.63	5190	6.79	
60-70畝户	42	0.71	2714.6	3.55	
70-80畝户	26	0.44	1953.6	2.55	
80-90畝户	23	0.39	1874	2.45	
90-100畝户	21	0.35	1984.3	2.59	
100畝 以上户 庶民户	30	0.5	4775.3	6.24	
地主户	27	0.45	7739.4	10.12	
合　　計	5941		76476.2		

表 B 31　清代獲鹿縣乾隆元年七社各類農戶占地統計

類　別		戶　數		地　畝		註　釋
		戶數	%	畝數	%	
無地戶		882	26.51			
1畝以下戶		140	4.21	78.9	0.17	
1-5畝戶		564	16.95	1739.8	3.86	
5-10畝戶		521	15.66	3843.8	8.52	
10-15畝戶		376	11.3	4691.3	10.4	
15-20畝戶		221	6.64	3838.8	8.51	
20-25畝戶		164	4.93	3732.5	8.27	
25-30畝戶		95	2.86	2565.6	5.69	
30-35畝戶		84	2.52	2690.5	5.96	
35-40畝戶		61	1.83	2200	4.88	
40-45畝戶		30	0.9	1270	2.82	
45-50畝戶		30	0.9	1421.3	3.15	
50-60畝戶		47	1.41	2500.6	5.54	
60-70畝戶		32	0.96	2070.2	4.59	
70-80畝戶		17	0.51	1263.7	2.8	
80-90畝戶		13	0.39	1103.9	2.45	
90-100畝戶		10	0.3	948.9	2.1	
100畝以上戶	庶民戶	21	0.63	3247.9	7.2	
	地主戶	19	0.57	5902.1	13.08	
合　計		3327		45109.8		

表 B32　清代獲鹿縣乾隆六年五社各類農戶占地統計

類　別		戶　數		地　畝		註　釋
		數戶	%	畝數	%	
無地戶		864	25.83			
1畝以下戶		171	5.11	82.1	0.19	
1-5畝戶		650	19.43	1905	4.3	

5-10畝戶		499	14.92	2629	5.93	
10-15畝戶		336	10.04	4142.4	9.35	
15-20畝戶		196	5.86	3561.8	8.04	
20-25畝戶		140	4.19	3101.5	7	
25-30畝戶		91	2.72	2468.2	5.57	
30-35畝戶		82	2.45	2694	6.08	
35-40畝戶		57	1.7	2133.3	4.81	
40-45畝戶		46	1.38	1944.2	4.39	
45-50畝戶		36	1.08	1723.2	3.89	
50-60畝戶		48	1.43	2619.1	5.91	
60-70畝戶		32	0.96	2055.3	4.64	
70-80畝戶		18	0.54	1264.7	2.85	
80-90畝戶		17	0.51	1424.7	3.21	
90-100畝戶		9	0.27	844.1	1.9	
100畝	庶民戶	35	1.05	5108.1	11.52	
以上戶	地主戶	18	0.54	3626.3	8.18	
合　　計		3345		44327		

表 B33　清代獲鹿縣乾隆十六年六社各類農戶占地統計

類　　　別	戶　數		地　畝		註　釋
	戶數	%	畝數	%	
無地戶	976	28.91			
1畝以下戶	152	4.5	76.8	0.16	
1-5畝戶	619	18.34	1738.9	3.71	
5-10畝戶	496	14.69	3548.4	7.58	
10-15畝戶	293	8.68	3584.8	7.66	
15-20畝戶	196	5.81	3360.5	7.18	
20-25畝戶	136	4.03	3008.5	6.43	
25-30畝戶	108	3.2	3007.5	6.42	
30-35畝戶	66	1.95	2136.4	4.56	
35-40畝戶	47	1.39	1757.5	3.75	

40-45畝戶		34	1.01	1448	3.09	
45-50畝戶		34	1.01	1599.7	3.42	
50-60畝戶		56	1.66	3084.1	6.59	
60-70畝戶		40	1.18	2572.3	5.49	
70-80畝戶		28	0.83	1998.4	4.27	
80-90畝戶		12	0.36	1019.5	2.18	
90-100畝戶		18	0.53	1692.5	3.61	
100畝	庶民戶	52	1.54	7836.2	16.74	
以上戶	地主戶	13	0.39	3350.3	7.16	
合　計		3376		46820.3		

資料來源：獲鹿縣檔案「編審冊」。

表 B34　清代獲鹿縣乾隆二十一年七社各類農戶占地統計

類　別	戶　數		地　畝		註　釋
	戶數	%	畝數	%	
無地戶	1139	29.64			
1畝以下戶	185	4.81	85.2	0.17	
1-5畝戶	733	19.07	2100	4.24	
5-10畝戶	556	14.47	4009.2	8.09	
10-15畝戶	364	9.47	4372	8.82	
15-20畝戶	225	5.85	3871.6	7.81	
20-25畝戶	144	3.75	3230.2	6.52	
25-30畝戶	96	2.5	2639.2	5.32	
30-35畝戶	77	2	2484.1	5.01	
35-40畝戶	55	1.43	2079.4	4.2	
40-45畝戶	40	1.04	1688.6	3.41	
45-50畝戶	22	0.57	1036.8	2.09	
50-60畝戶	33	0.86	1794.8	3.62	
60-70畝戶	35	0.91	2259.6	4.56	
70-80畝戶	37	0.96	2791.2	5.63	
80-90畝戶	17	0.44	1446.9	2.92	

90-100畝戶		20	0.52	1902.9	3.84	
100畝	庶民戶	52	1.35	9192.5	18.55	
以上戶	地主戶	13	0.34	2580.5	5.21	
合　計		3843		49564.7		

資料來源：獲鹿縣檔案「編審冊」。

表 B35　清代獲鹿縣乾隆二十六年七社各類農戶占地統計

類　　別		戶　數		地　畝		註　釋
		戶數	%	畝數	%	
無地戶		1020	28.37			
1畝以下戶		159	4.42	71.9	0.15	
1-5畝戶		712	19.81	2054.7	4.35	
5-10畝戶		485	13.49	3567.4	7.56	
10-15畝戶		335	9.32	4188.2	8.87	
15-20畝戶		216	6.01	3647.7	7.73	
20-25畝戶		173	4.81	3880.6	8.22	
25-30畝戶		81	2.25	2237.5	4.74	
30-35畝戶		88	2.45	2672	5.66	
35-40畝戶		57	1.59	2141.1	4.54	
40-45畝戶		47	1.31	2009.2	4.26	
45-50畝戶		36	1	1702.9	3.61	
50-60畝戶		43	1.2	2334.8	4.95	
60-70畝戶		27	0.75	1758.9	3.73	
70-80畝戶		18	0.5	1347.3	2.85	
80-90畝戶		24	0.67	2051	4.34	
90-100畝戶		18	0.5	1691.6	3.58	
100畝	庶民戶	50	1.39	7898.5	16.73	
以上戶	地主戶	6	0.17	1952.2	4.14	
合　計		3595		47207.5		

表 B36 清代獲鹿縣乾隆三十一年各類農戶占地統計

類　　　別	戶　　數		地　　畝		註　　釋
	戶數	%	畝數	%	
無地戶	65	17.38			
1畝以下戶	21	5.61	9.6	0.16	
1-5畝戶	98	26.2	271.6	4.54	
5-10畝戶	45	12.03	322.4	5.39	
10-15畝戶	44	11.76	545	9.11	
15-20畝戶	20	5.35	351.3	5.87	
20-25畝戶	15	4.01	350.4	5.86	
25-30畝戶	5	1.34	141.1	2.36	
30-35畝戶	7	1.87	226.8	3.79	
35-40畝戶	12	3.21	453.5	7.58	
40-45畝戶	9	2.41	379	6.34	
45-50畝戶	4	1.07	193.3	3.23	
50-60畝戶	9	2.41	502.3	8.4	
60-70畝戶	5	1.34	330.2	5.52	
70-80畝戶	3	0.8	228.6	3.82	
80-90畝戶	1	0.27	80.1	1.34	
90-100畝戶	4	1.07	372.6	6.23	
100畝 庶民戶	4	1.07	505.4	8.45	
以上戶 地主戶	3	0.8	718.4	12.04	
合　　　計	374		5981.6		

表 B37 清代獲鹿縣乾隆元年甘子社一甲農戶占地統計

類　　　別	戶　　數		地　　畝		註　　釋
	戶數	%	畝數	%	
無地戶	40	24.54			
1畝以下戶	4	2.45	2.2	0.11	
1-5畝戶	35	21.47	109.6	5.44	
5-10畝戶	18	11.04	134.4	6.67	

	戶數	%	畝數	%	
10-15畝戶	19	11.66	224.6	11.14	
15-20畝戶	12	7.36	215.1	10.66	
20-25畝戶	10	6.18	227.5	11.28	
25-30畝戶	10	6.18	272.6	13.52	
30-35畝戶	8	4.91	255	12.65	
35-40畝戶	1	0.61	36.7	1.82	
40-45畝戶	1	0.61	41	2.03	
45-50畝戶	0	0	0	0	
50-60畝戶	0	0	0	0	
60-70畝戶	0	0	0	0	
70-80畝戶	1	0.61	71.2	3.53	
80-90畝戶	0	0	0	0	
90-100畝戶	1	0.61	97.1	4.82	
100畝 以上戶 庶民戶	1	0.61	103.2	5.12	
地主戶	2	1.22	225.4	11.18	
合　　　計	163		2015.6		

資料來源：獲鹿縣檔案「編審冊」。

表 B38　清代獲鹿縣乾隆元年甘子社二甲農戶占地統計

類　　　別	戶　數		地　畝		註　釋
	戶數	%	畝數	%	
無地戶	27	22.31			
1畝以下戶	1	0.83	0.7	0.04	
1-5畝戶	16	13.22	48.8	2.89	
5-10畝戶	18	14.88	122.9	7.29	
10-15畝戶	19	15.70	244	14.46	
15-20畝戶	10	8.26	172.1	10.20	
20-25畝戶	9	7.43	198.8	11.78	
25-30畝戶	8	6.61	217.5	12.89	
30-35畝戶	2	1.65	66.7	3.95	
35-40畝戶	3	2.48	109.9	6.51	

40-45畝戶		1	0.83	40.1	2.38	
45-50畝戶		0	0	0	0	
50-60畝戶		3	2.48	164.6	9.76	
60-70畝戶		2	1.65	128.5	7.62	
70-80畝戶		0	0	0	0	
80-90畝戶		1	0.83	80.6	4.78	
90-100畝戶		1	0.83	92	5.45	
100畝 以上戶	庶民戶	0	0	0	0	
	地主戶	0	0	0	0	
合　　計		121		1687.2		

表 B39　清代獲鹿縣乾隆元年甘子社九甲農戶占地統計

類　　別	戶　數		地　畝		註　釋
	戶數	%	畝數	%	
無地戶	36	24.00			
1畝以下戶	9	6.00	5	0.27	
1-5畝戶	29	19.33	93.7	5.11	
5-10畝戶	26	17.33	192.5	10.50	
10-15畝戶	12	8.00	145.5	7.94	
15-20畝戶	9	6.00	157.3	8.58	
20-25畝戶	6	4.00	128.9	7.03	
25-30畝戶	6	4.00	166.4	9.08	
30-35畝戶	3	2.00	97	5.29	
35-40畝戶	5	3.33	186.6	10.18	
40-45畝戶	2	1.33	85.1	4.64	
45-50畝戶	2	1.33	95.4	5.20	
50-60畝戶	2	1.33	109.3	5.96	
60-70畝戶	1	0.66	67.5	3.68	
70-80畝戶	0	0	0	0	
80-90畝戶	0	0	0	0	
90-100畝戶	0	0	0	0	

100畝	庶民戶	2	1.33	302.6	16.51	
以上戶	地主戶	0	0	0	0	
合 計		150			1832.8	

資料來源：獲鹿縣檔案「編審冊」。

表 B40　清代獲鹿縣乾隆元年鄭家莊社二甲農戶占地統計

類　　別		戶　數		地　畝		註　釋
		戶數	％	畝數	％	
無地戶		58	37.18			
1畝以下戶		8	5.13	4.6	0.24	
1-5畝戶		23	14.74	75.1	3.91	
5-10畝戶		20	12.82	154.7	8.06	
10-15畝戶		15	9.62	183.9	9.58	
15-20畝戶		8	5.13	133.2	6.94	
20-25畝戶		6	3.85	137.5	7.16	
25-30畝戶		4	2.56	84.6	4.41	
30-35畝戶		4	2.56	126.7	6.60	
35-40畝戶		0	0	0	0	
40-45畝戶		2	1.28	83.4	4.34	
45-50畝戶		0	0	0	0	
50-60畝戶		2	1.28	111.8	5.82	
60-70畝戶		2	1.28	124.8	6.50	
70-80畝戶		2	1.28	151.9	7.91	
80-90畝戶		0	0	0	0	
90-100畝戶		0	0	0	0	
100畝	庶民戶	0	0	0	0	
以上戶	地主戶	2	1.28	548.2	28.55	
合 計		156		1920.4		

資料來源：獲鹿縣檔案「編審冊」。

表 B41　清代獲鹿縣乾隆元年鄭家莊社四甲農戶占地統計

類　　　　別	戶　　數		地　　畝		註　　釋
	戶數	%	畝數	%	
無地戶	109	23.14			
1畝以下戶	27	5.73	19.5	0.24	
1-5畝戶	56	11.89	183.2	2.25	
5-10畝戶	68	14.44	510.8	6.29	
10-15畝戶	61	12.95	782	9.62	
15-20畝戶	36	7.64	625.5	7.70	
20-25畝戶	23	4.88	510.3	6.28	
25-30畝戶	13	2.76	357.7	4.40	
30-35畝戶	15	3.18	487.3	5.99	
35-40畝戶	13	2.76	441.5	5.43	
40-45畝戶	5	1.06	211.9	2.61	
45-50畝戶	6	1.27	281.5	3.46	
50-60畝戶	14	2.97	739.5	9.10	
60-70畝戶	7	1.48	457.8	5.63	
70-80畝戶	4	0.84	302.9	3.73	
80-90畝戶	1	0.21	87.3	1.07	
90-100畝戶	1	0.21	92.4	1.14	
100畝 以上戶 庶民戶	6	1.27	1129.1	13.89	
地主戶	6	1.27	905.8	11.15	
合　　　計	471		8126		

資料來源：獲鹿縣檔案「編審冊」。

表 B42　清代獲鹿縣乾隆元年鄭家莊社五甲農戶占地統計

類　　　　別	戶　　數		地　　畝		註　　釋
	戶數	%	畝數	%	
無地戶	157	32.91			
1畝以下戶	20	4.19	9.9	.0.14	
1-5畝戶	86	18.03	240.9	3.50	

5-10畝戶		71	14.88	546.9	7.95
10-15畝戶		28	5.87	343.7	4.99
15-20畝戶		27	5.66	471.8	6.86
20-25畝戶		18	3.77	406.6	5.91
25-30畝戶		10	2.10	276.7	4.02
30-35畝戶		10	2.10	320.6	4.66
35-40畝戶		12	2.52	448.2	6.52
40-45畝戶		5	1.05	214.8	3.12
45-50畝戶		5	1.05	233.6	3.39
50-60畝戶		10	2.10	562.2	8.17
60-70畝戶		4	0.84	251.8	3.66
70-80畝戶		2	0.42	149.2	2.17
80-90畝戶		4	0.84	348.2	5.06
90-100畝戶		2	0.42	192.4	2.80
100畝	庶民戶	3	0.63	456	6.62
以上戶	地主戶	3	0.63	1405.4	20.43
合　　　計		477		6878.9	

資料來源：獲鹿縣檔案「編審冊」

表 B43　清代獲鹿縣乾隆元年鄭家莊十甲各類農戶占地統計

類　　別	戶　數		地　畝		註　釋
	戶數	%	畝數	%	
無地戶	63	32.31			
1畝以下戶	8	4.10	5.3	0.19	
1.5畝戶	40	20.51	126.6	4.63	
5-10畝戶	29	14.87	204.1	7.46	
10-15畝戶	13	6.67	160.4	5.86	
15-20畝戶	8	4.10	137.3	5.02	
20-25畝戶	7	3.59	163.5	5.98	
25-30畝戶	4	2.05	110.8	4.05	
30-35畝戶	8	4.10	256.4	9.37	

35.40畝戶		4	2.05	154.3	5.64	
40-45畝戶		1	0.51	40.5	1.48	
45-50畝戶		0	0	0	0	
50-60畝戶		3	1.54	166.5	6.09	
60-70畝戶		1	0.51	198.1	7.24	
70-80畝戶		1	0.51	75.6	2.76	
80-90畝戶		1	0.51	81.5	2.98	
90-10畝戶		0	0	0	0	
100畝	庶民戶	1	0.51	131.8	4.82	
以上戶	地主戶	1	0.51	723.2	26.44	
合　　計		195		2735.9		

表 B44　清代獲鹿縣乾隆元年在城社三甲農戶占地統計

類　　別	戶　數		地　畝		註　釋
	戶數	%	畝數	%	
無地戶	76	27.64			
1畝以下戶	10	3.64	4.3	0.15	
1-5畝戶	39	14.18	125.3	4.45	
5-10畝戶	55	20.00	413.9	14.70	
10-145畝戶	33	12.00	403.1	14.31	
15-20畝戶	16	5.82	284	10.08	
20-25畝戶	19	6.91	417	14.80	
25-30畝戶	6	2.18	156.2	5.55	
30-35畝戶	8	2.91	248.7	8.83	
35-40畝戶	2	0.73	76	2.70	
40-45畝戶	1	0.36	43.2	1.53	
45-50畝戶	4	1.45	192.6	6.84	
50-60畝戶	0	0	0	0	
60-70畝戶	3	1.01	192.2	6.82	
70-80畝戶	1	0.36	72.2	2.56	
80-90畝戶	1	0.36	89.6	3.18	

90-100畝戶		1	0.36	98.2	3.49	
100畝 以上戶	庶民戶					
	地主戶					
合 計		275		2816.5		

表 B45　清代獲鹿縣乾隆元年鎮頭社三甲農戶占地統計

類 別	戶 數		地 畝		註 釋
	戶數	%	畝數	%	
無地戶	87	26.93			
1畝以下戶	16	4.95	6.5	0.14	
1-5畝戶	55	17.03	177	3.79	
5-10畝戶	44	13.62	322.1	6.90	
10-15畝戶	45	13.93	564.7	12.10	
15-20畝戶	18	5.57	306.7	6.57	
20-25畝戶	17	5.26	382.4	8.19	
25-30畝戶	7	2.17	198.4	9.26	
30-35畝戶	7	2.17	214	4.59	
35-40畝戶	7	2.17	263.6	5.65	
40-45畝戶	3	0.93	127.2	2.73	
45-50畝戶	3	0.93	143.5	3.07	
50-60畝戶	2	0.62	106.3	2.28	
60-70畝戶	4	1.24	264.3	5.66	
70-80畝戶	2	0.62	147.8	3.17	
80-90畝戶	2	0.62	166.9	3.58	
90-100畝戶	1	0.32	91	1.95	
100畝 以上戶	庶民戶	2	0.62	277.5	5.95	
	地主戶	1	0.32	906.7	19.46	
合 計	323		4666.6		

表 B46　清代獲鹿縣乾隆元年方台社十甲乾隆元年各類農戶占地
統計

類　　別		戶　數		地　畝		註　釋
		戶數	%	畝數	%	
無地戶		50	0.171		0	
1畝以下戶		9	0.031	4.3	0.001	
1-5畝戶		59	0.201	182	0.038	
5-10畝戶		51	0.174	369.6	0.077	
10-15畝戶		42	0.143	514.7	0.107	
15-20畝戶		28	0.096	478.2	0.099	
20-25畝戶		18	0.061	406.5	0.084	
25-30畝戶		8	0.027	213.1	0.044	
30-35畝戶		7	0.024	228.4	0.047	
35-40畝戶		4	0.014	149.2	0.031	
40-45畝戶		2	0.007	87.3	0.018	
45-50畝戶		3	0.010	143.5	0.030	
50-60畝戶		1	0.003	50.6	0.010	
60-70畝戶		—	—			
70-80畝戶		1	0.003	79.9	0.017	
80-90畝戶		2	0.007	167	0.035	
90-100畝戶		1	0.003	91.1	0.019	
100畝以上戶	庶民戶	3	0.010	469.1	0.097	
	地主戶	4	0.014	1187.4	0.246	
合　　計			293		4821.9	

資料來源：獲鹿縣檔案「編審冊」。

表 B47　清代獲鹿縣乾隆元年新安社五甲下各類農戶占地統計

類　　別	戶　數		地　畝		註　釋
	戶數	%	畝數	%	
無地戶	103	0.267			

1畝以下戶	17	0.044	10.3	0.003	
1-5畝戶	61	0.158	182.5	0.048	
5-10畝戶	76	0.197	534	0.139	
10-15畝戶	51	0.132	664.8	0.174	
15-20畝戶	27	0.070	467.5	0.122	
20-25畝戶	11	0.028	245.4	0.064	
25-30畝戶	6	0.016	158.3	0.041	
30-35畝戶	9	0.023	295.	0.077	
35-40畝戶	5	0.013	157.2	0.041	
40-45畝戶	3	0.008	128.6	0.034	
45-50畝戶	4	0.010	190.9	0.050	
50-60畝戶	6	0.015	270.3	0.071	
60-70畝戶	3	0.008	200.2	0.052	
70-80畝戶	2	0.005	142.6	0.037	
80-90畝戶	1	0.003	82.8	0.022	
90-100畝戶	1	0.003	97.9	0.026	
100畝 以上戶	庶民戶				
	地主戶				
合計	386		3828.3		

資料來源：獲鹿縣檔案「編審冊」。

表 B48　清代獲鹿縣乾隆元年同治社五甲下各類農戶占地統計

類　　別	戶　數		地　畝		註　釋
	戶數	%	畝數	%	
無地戶	76	0.240	0	0	
1畝以下戶	11	0.035	6.3	0.002	
1-5畝戶	65	0.205	195.1	0.052	
5-10畝戶	45	0.142	337.9	0.089	
10-15畝戶	38	0.120	459.9	0.122	
15-20畝戶	22	0.069	390.1	0.103	
20-25畝戶	20	0.063	508.1	0.134	

25-30畝戶		13	0.041	353.3	0.093
30-35畝戶		3	0.009	94.7	0.025
35-40畝戶		5	0.016	176.8	0.047
40-45畝戶		4	0.013	166.9	0.044
45-50畝戶		3	0.009	140.3	0.037
50-60畝戶		4	0.013	219.5	0.058
60-70畝戶		3	0.009	185	0.049
70-80畝戶		1	0.003	70.4	0.019
80-90畝戶					
90-100畝戶		1	0.003	96.8	0.026
100畝	庶民戶	3	0.009	378.6	0.100
以上戶	地主戶				
合計		317		3779.7	

資料來源：獲鹿縣檔案「編審冊」。

表 B49　清代關中地籍中的土地分配

地　名	年　分	Gini係數	計　算　依　據
朝邑縣加里莊	康熙三十年(1691)	0.2988	謄錄舊簿加里莊地冊
	乾隆十六年(1751)	0.3405	謄錄舊簿加里莊地冊
	嘉慶十四年(1809)	0.2892	加里莊畛丈冊
朝邑步昌里下魚坡	光緒十六年(1890)	0.4809	步昌里八甲下魚坡村魚鱗正冊
	不早於民國21年 (1932)	0.4607	步昌里八甲下魚坡村魚鱗正冊
朝邑縣南、北烏 牛村	雍正七年(1729)	0.3638	南北烏牛等九村地畝闊尺冊
	道光十九年(1839)	0.2737	南烏牛村河東口岸花名冊
朝邑縣雷村	雍正七年(1792)	0.3503	河西河東六轉減明清冊
	乾隆五十三年(1788)	0.3006	雷村等處地籍名冊
	道光二十四年(1844)	0.2662	雷村河西、東魚鱗減明冊
	光緒二年(1876)	0.3858	雷村清釐地糧花名冊

地　　　名	年　　　分	Gini係數	計　算　依　據
朝邑縣南韓	道光二十六年(1846)	0.2366	趙渡鎮南韓畛官冊
朝邑縣北韓	嘉慶十年(1805)	0.4409	北韓家畛丈冊
	？	0.3290	北韓家畛丈冊
朝邑縣南北韓	民國十七年(1928)	0.2938	南、北韓家畛丈冊
朝邑縣東林村	乾隆元年(1736)	0.4353	東林等村灘糧銀冊
	民國二十一年(1932)	0.3647	東林村地畝冊
朝邑縣營田村	同治五年(1866)	0.2756	營田莊四社各藏地冊
	民國二十年(1931)	0.2898	營田莊北社地冊
	民國三十一年(1942)	0.2323	平民縣地籍原圖
朝邑縣？村	？	0.4927	無名地籍冊
朝邑縣趙渡	民國十七年(1928)	0.4763	東灘丈冊
	民國三十一年(1942)	0.4398	平民縣地籍原圖
朝邑縣？村？社	民國初年	0.2677	長畛田塊及戶主詳圖
韓城縣張帶村	嘉慶十四年(1809)	0.3558	張帶村黃河灘地魚鱗冊
潼關縣寺南里	道光年間	0.2337	寺南里魚鱗冊
31組分配的總平均Gini係數		0.3514	—

資料來源：秦暉蘇文《田園詩與狂想曲》頁77。

附錄C

國民政府內政部之調查統計

表 C1　各省⁽¹⁾耕地分配狀況

民國二十一年調查

單位：舊制畝

地域別	共　計　耕　地				私　有　耕　地			
					10畝以下農戶耕地			
	農戶	耕地畝數	畝數	百分數	戶數	百分數	畝數	百分數
總　　　計	24,403,245	439,039,990	8,722,098	1.99	14,316,932	68.06	70,216,021	10.99
江　　蘇	3,012,202	35,486,616	972,676	1.73	1,728,510	57.59	9,516,146	17.29
浙　　江	1,741,744	20,807,024	679,223	3.26	1,331,064	76.42	5,867,708	28.13
安　　徽	1,165,338	17,681,099	448,359	4.80	762,558	68.44	3,398,780	20.12
湖　　北	809,904	10,089,951	618,080	1.17	646,740	67.00	2,410,484	24.06
湖　　南	2,490,485	27,300,459	1,859,865	3.41	1,823,020	75.44	7,294,407	26.15
河　　北	3,088,058	37,031,871	104,515	0.34	1,587,209	31.40	8,331,271	14.61
山　　東	3,250,040	48,854,353	293,673	0.61	1882,610	57.36	9,940,406	19.13
山　　西	1,630,225	46,683,201	329,320	0.76	664,307	37.07	3,062,889	7.91
河　　南	3,686,936	69,051,906	635,987	0.42	2,188,217	60.61	16,156,252	15.18
陝　　西	708,040	15,641,440	647,440	1.62	336,024	47.04	1,062,163	3.02
甘　　肅	241,260	2,470,543	29,166	0.82	86,383	36.06	743,103	7.84
青　　海	33,798	2,861,218	78,058	2.73	8,266	24.72	37,928	2.02
廣　　東	783,562	12,219,860	867,108	4.13	319,251	70.74	2,166,472	23.70
廣　　西	744,075	7,631,727	1,936,684	12.56	88,314	68.32	2,006,262	12.81
雲　　南	360,684	7,871,902	419,025	5.59	302,339	72.75	1,260,985	21.04
察哈爾	264,056	10,567,679	104,995	0.99	86,778	33.31	164,625	4.78
綏　　遠	111,511	8,159,731	121,718	1.49	12,230	15.20	120,625	1.48

地域別	私 有 耕 地							
	11－30畝以下農戶耕地[2]				30－50畝以下農戶耕地[2]			
	農戶	耕地畝數	畝數	百分數	戶數	百分數	畝數	百分數
總　　計	5,833,335	23.90	98,618,041	22.01	2,580,291	10.57	96,227,268	22.02
江　　蘇	749,467	24.88	12,798,264	23.07	328,301	10.90	12,771,485	23.02
浙　　江	268,692	15.43	4,522,214	21.74	92,673	5.32	3,534,804	16.99
安　　徽	218,431	18.75	3,246,294	18.15	102,830	8.82	3,896,264	21.79
湖　　北	168,596	20.81	2,392,740	23.78	59,359	7.38	2,098,955	20.86
湖　　南	445,683	17.90	7,421,064	26.60	137,212	5.50	5,359,213	19.21
河　　北	878,261	28.44	14,274,870	25.08	391,690	12.68	14,054,418	24.64
山　　東	856,388	27.27	13,310,843	27.25	342,793	10.54	12,201,573	24.97
山　　西	494,588	30.34	8,944,538	19.16	288,437	17.60	10,988,426	23.54
河　　南	1,025,453	26.38	16,857,796	24.32	465,032	11.93	17,155,373	24.74
陝　　西	158,113	22.33	3,173,929	17.02	112,674	15.01	4,238,582	22.70
甘　　肅	65,145	27.01	1,301,344	13.74	43,408	18.03	1,889,529	19.94
青　　海	8,592	25.79	175,548	6.14	7,619	22.60	270,454	9.45
廣　　東	128,134	17.43	2,291,266	18.67	44,917	6.12	1,924,665	15.66
廣　　西	159,574	21.45	2,754,428	17.60	53,676	7.21	2,693,589	13.41
雲　　南	85,538	17.08	1,417,504	19.23	35,107	7.01	1,331,517	18.06
察哈爾	69,611	26.88	1,217,797	11.52	48,104	18.57	1,822,050	17.24
綏　　遠	23,009	20.63	517,602	6.34	26,369	23.85	1,060,762	13.11

地域別	私　　有　　耕　　地							
	51—100畝以下農戶耕地[2]				100畝以下農戶耕地[2]			
	農戶	耕地畝數	畝數	百分數	戶數	百分數	畝數	百分數
總　　計	1,266,737	5.19	85,083,249	19.37	110,943	1.68	81,753,413	18.62
江　蘇	161,395	5.83	10,582,105	19.07	44,289	1.47	8,765,913	15.50
浙　江	38,450	2.21	2,411,812	11.59	10,885	0.62	3,801,223	18.27
安　徽	60,981	5.23	3,829,912	21.81	20,558	1.76	2,791,090	15.69
湖　北	26,375	3.26	1,625,463	16.16	8,894	1.10	1,405,224	13.97
湖　南	62,182	2.50	3,647,372	13.07	16,382	0.65	2,665,468	9.56
河　北	179,167	5.80	11,554,731	20.26	51,731	1.68	8,621,665	17.12
山　東	126,694	3.90	8,271,851	16.93	30,535	0.94	5,433,925	11.12
山　西	181,202	11.12	12,449,593	26.67	61,713	3.78	10,279,825	22.02
河　南	195,027	5.02	13,294,178	19.17	63,305	1.63	10,861,320	15.67
陝　西	83,061	11.73	5,785,783	31.03	17,587	2.49	3,507,910	18.81
甘　肅	30,951	12.88	2,569,352	27.12	15,603	6.47	2,912,045	30.74
青　海	5,391	15.99	441,875	15.44	3,740	11.10	1,837,355	84.22
廣　東	25,855	3.06	2,076,767	16.93	14.805	2.02	2,558,022	20.85
廣　西	17,615	2.37	1,373,434	8.77	4,867	0.65	5,454,930	34.85
雲　南	12,262	2.45	851,855	11.56	5,538	1.11	1,800,465	24.42
察哈爾	35,440	13.68	2,449,149	23.18	19,057	7.38	4,468,959	42.29
綏　遠	23,709	21.26	1,748,002	21.42	21,474	19.26	4,582,022	56.16

材料來源：根據內政部編印《內政年鑑》土地篇(D)421-425頁之材料編製。

說明：(1)各省造報之縣數江蘇四十六縣，浙江六十一縣，安徽二十八縣，
　　　湖北十九縣，湖南六十八縣，河北一百縣，山東六十五縣，山西
　　　九十四縣，河南一百零一縣，陝西四十三縣，甘肅二十八縣，青
　　　海九縣，廣東四十八縣，廣西七十三縣，雲南五十六縣六設治
　　　局，察哈爾十六縣，綏遠八縣。

　　　(2)各組私有耕地所占之百分數係依公有私有耕地共計數算得。

表 C2　各國土地經營

國　別	材料時期	面　積　分　組	
		原有分組	標準制分組
中華民國	民國二十一年	共計	共計
		10舊制畝以下	0.61公頃
		11-30舊制畝	0.68-1.84公頃
		31-50舊制畝	1.90-3.07公頃
		51-100舊制畝	3.13-6.1公頃
		100舊制畝以上	6.14公頃以上
加拿大		共計	共計
Cannda	1931	1-英畝	0.40-1.62公頃
		5-10英畝	2.02-4.05公頃
		11-50英畝	4.45-20.23公頃
		51-100英畝	20.64-40.47公頃
		101-200英畝	40.87-80.94公頃
		201-299英畝	81.34-121.00公頃
		300-479英畝	121.40-193.85公頃
		480-639英畝	194.25-253.59公頃
		640英畝以上	259.00公頃以上
法蘭西		共計	共計
France	1930	1公頃以下	1公頃以下
		1公頃5公頃以下	1公頃5公頃以下
		5公頃10公頃以下	5公頃10公頃以下
		10公頃20公頃以下	10公頃20公頃以下
		20公頃50公頃以下	20公頃50公頃以下
		50公頃100公頃以下	50公頃100公頃以下
		100公頃200公頃以下	100公頃200公頃以下
		200公頃500公頃以下	200公頃500公頃以下
		500公頃以上	500公頃以上
德意志		共計	共計
Germany	1930	0.05公頃以下	0.05公頃以下
		0.05公頃0.10公頃以下	0.05公頃0.10公頃以下

戶數與經營面積

經營戶數		農　地　面　積		
戶數	占總數之百分率	公頃數	占總面積之百分率	每戶平均面積(公頃)
4,408,238	100.0	26,438,731	100.0	1.1
4,316,932	58.6	4,314,066	16.3	0.3
5,833,335	23.9	5,936,212	22.4	1.0
2,580,291	10.6	5,941,080	22.5	2.3
1,266,737	5.2	5,224,448	19.8	4.1
410,943	1.7	5,022,930	19.0	12.2
728,623	100.0	66,010,129	100.0	90.6
19,713	2.7	19,541	0.0	1.0
24,028	3.3	72,319	0.1	3.0
80,070	11.0	1,120,146	1.7	14.0
148,255	20.4	5,206,900	7.9	35.1
233,306	32.0	14,683,885	22.2	62.9
35,620	4.9	3,492,327	5.3	98.1
103,247	14.2	13,974,396	21.2	135.4
36,738	5.0	7,447,867	11.3	202.7
47,646	6.5	19,992,748	30.3	419.6
3,956,330	100.0	46,206,150	100.0	11.7
1,014,731	25.6	724,921	1.6	0.7
1,146,255	28.9	3,796,320	8.2	3.3
717,612	18.1	5,760,136	12.5	8.0
593,147	14.9	9,460,010	20.5	15.9
380,373	9.6	12,978,164	28.1	34.1
81,744	2.1	6,136,990	13.3	75.0
23,473	0.6	3,540,175	7.6	150.8
7,252	0.2	2,326,818	5.0	320.8
1,743	0.0	1,492,616	3.2	856.4
8.453,917	100.0	42,124,148	100.0	5.0
2,587,439	30.6	54,595	0.1	0.04
1,021,356	12.1	69,026	0.2	0.1

國　別　材料時期	面　積　分　組	
	原有分組	標準制分組
	0.10公頃0.25公頃以下	0.10公頃0.25公頃以下
	0.25公頃0.50公頃以下	0.25公頃0.50公頃以下
	0.50公頃1公頃以下	0.50公頃1公頃以下
	1公頃2公頃以下	1公頃2公頃以下
	2公頃5公頃以下	2公頃5公頃以下
	5公頃10公頃以下	5公頃10公頃以下
	10公頃20公頃以下	10公頃20公頃以下
	20公頃50公頃以下	20公頃50公頃以下
	50公頃100公頃以下	50公頃100公頃以下
	100公頃200公頃以下	100公頃200公頃以下
	200公頃500公頃以下	200公頃500公頃以下
	500公頃1000公頃以下	500公頃1000公頃以下
	1000公頃以上	1000公頃以上
意大利	共計	共計
Italy　　1930	0.01公頃以下	0.01公頃以下
	0.01公頃0.10公頃以下	0.01公頃0.10公頃以下
	0.10公頃0.50公頃以下	0.10公頃0.50公頃以下
	0.50公頃1公頃以下	0.50公頃1公頃以下
	1公頃3公頃以下	1公頃3公頃以下
	3公頃5公頃以下	3公頃5公頃以下
	5公頃10公頃以下	5公頃10公頃以下
	10公頃20公頃以下	10公頃20公頃以下
	20公頃50公頃以下	20公頃50公頃以下
	50公頃100公頃以下	50公頃100公頃以下
	100公頃200公頃以下	100公頃200公頃以下
	200公頃500公頃以下	200公頃500公頃以下
	500公頃1000公頃以下	500公頃1000公頃以下
	1000公頃2500公頃以下	1000公頃2500公頃以下
	2500公頃以上	2500公頃以上
日本	共計	共計
Japan　　1930	0.50公頃以下	0.50公頃以下

經 營 戶 數		農 地 面 積		
戶數	占總數之百分率	公頃數	占總面積之百分率	每戶平均面積(公頃)
957,055	11.3	142,776	0.3	0.2
312,613	9.6	290,218	0.7	0.4
366,839	4.3	269,974	0.6	0.7
482,379	5.7	681,663	1.6	1.4
796,790	9.5	2,611,726	6.2	3.3
621,952	7.4	4,378,221	10.4	7.0
451,663	5.3	6,285,511	14.9	13.9
267,310	3.2	7,954,913	18.9	29.7
54,572	0.6	3,624,754	8.6	66.4
16,600	0.2	2,264,351	5.4	136.4
10,623	0.1	3,315,931	7.9	312.1
3,919	0.1	2,696,264	6.4	688.0
2,807	0.0	7,485,122	17.8	2,666.6
4,196,266	100.0	26,252,216	100.0	6.3
54,708	1.3	540	0.0	0.01
245,215	5.8	13,568	0.1	0.1
609,859	14.5	184,994	0.7	0.3
581,299	13.9	446,337	1.7	0.8
1,272,590	30.3	2,398,376	9.1	1.9
532,827	12.7	2,092,298	8.0	3.9
492,209	11.7	3,462,211	13.3	7.1
253,959	6.0	3,535,927	13.5	13.9
108,961	2.5	3,138,686	12.1	29.8
25,575	0.6	1,782,122	6.8	69.7
11,286	0.3	1,580,782	6.0	140.0
6,270	0.2	1,925,654	7.3	367.1
1,909	0.1	1,342,026	5.1	703.0
1,065	0.0	1,641,054	6.3	1,540.9
531	0.0	2,637,911	10.0	4,967.8
5,575,583	100.0	—	—	—
1,933,155	34.8	—	—	—

國　別	材料時期	面　積　分　組	
		原有分組	標準制分組
		0.50公頃0.99公頃以下	0.50公頃0.99公頃以下
		0.99公頃1.98公頃以下	0.99公頃1.98公頃以下
		1.98公頃2.98公頃以下	1.98公頃2.98公頃以下
		2.98公頃4.96公頃以下	2.98公頃4.96公頃以下
		4.96公頃以上	4.96公頃以上
北美合眾國		共計	共計
U.S.A.	1930	3英畝以下	1.21公頃以下
		3—9英畝	1.21—3.64公頃
		10—19英畝	4.05—7.69公頃
		20—49英畝	8.09—19.83公頃
		50—199英畝	20.93—40.02公頃
		100—174英畝	40.47—70.42公頃
		175—259英畝	70.82—104.81公頃
		260—499英畝	105.22—201.94公頃
		500—999英畝	202.34—404.28公頃
		1000—4999英畝	404.69—2,023.06公頃
		5000—9999英畝	2,023.44—4,046.47公頃
		10000英畝以上	4,046.87公頃以上

材料來源：中華民國數字，係本文之數字，其他各國數字，係根據國際農業協會
　　　　（Census）第38,30,33,36,37,38號之材料編製。

| 經　營　戶　數 | | 農　　地　　面　　積 | | |
戶數	占總數之百分率	公頃數	占總面積之百分率	每戶平均面積(公頃)
1,899,842	34.1	—	—	—
1,220,132	21.9	—	—	—
318,037	5.7	—	—	—
130,169	2.3	—	—	—
69,248	1.2	—	—	—
6,288,648	100.0	399,336,362	100.0	63.5
43,007	0.7	24,823	0.0	0.6
315,497	5.0	747,475	0.2	2.4
559,617	8.9	3,152,265	0.8	5.6
1,440,388	22.9	18,717,577	4.7	13.0
1,374,965	21.9	39,936,732	10.0	29.0
1,342,927	21.3	72,930,693	18.3	54.3
520,593	8.8	44,622,953	11.1	85.7
451,338	7.2	63,342,811	15.9	140.3
159,696	2.5	44,080,462	11.0	278.0
71,321	1.1	51,608,155	12.9	723.6
5,266	0.1	14,326,038	3.6	2,720.5
4,033	0.1	45,846,380	11.5	11,367.8

International Institute of Agriculture)第一次世界農業普查(The First World Agricultural)

附錄 D

滿鐵調查統計

編號	地區	調查日期	調查戶數	吉尼係數	無田產者百分比	最大田產畝數
(1)	上海市嘉定區	1941	50	·591	24	34
(2)	江蘇南通	1941	94	·520	18	49
(3)	江蘇松江	1941	65	·408	3	21
(4)	江蘇常熟	1941	56	·400	32	8
(5)	江蘇無錫	1941	80	·329	21	8
(6)	山東泰安	1939	80	·466	5	23
(7)	山東惠民	1931	82	·482	0	53
(8)	山東臨清	1942	89	·418	1	86
(9)	河北薊縣	1936	128	·670	34	120
(10)	河北廿村	1936	2174	·692	31	942
(11)	河北四個縣	1937	479	·692	24	320
(12)	河北廣宗	1936	92	·309	0	?
(13)	河北棗強	1936	?	·691	0	?
(14)	河北南宮	1936	200	·467	7	230
(15)	河北安次	?	100	·753	?	?
(16)	河北定縣一區	1931	?	·499	16	?
(17)	河北定縣二區	1931	?	·538	9	?
(18)	河北定縣三區	1931	?	·399	5	?
(19)	河北定縣四區	1931	?	·528	5	?
(20)	河北定縣五區	1931	?	·479	9	?
(21)	河北定縣六區	1931	?	·455	7	?
(22)	河北定縣七區	1931	?	·861	29	?
(23)	河北定縣八區	1931	?	·488	8	?
(24)	河北保定	1930	?	·547	5	?

編號	地區	調查日期	調查戶數	吉尼係數	無田產者百分比	最大田產畝數
(25)	河北定縣高村	1934	?	·654	?	?
(26)	河北定縣南村	1934	?	·584	?	?
(27)	河北定縣明鎮	1934	?	·621	?	?
(28)	河北定縣李鎮	1934	?	·544	?	?
(29)	河北定縣牛村	1934	?	·724	36	?
(30)	河北遵化	1933	1018	·665	16	?
(31)	河北唐縣	1933	1935	·615	16	?
(32)	河北邯鄲	1933	580	·651	22	?
(33)	河北滄縣十二個村	1936	?	·584	11	?

資料來源：

(1)滿鐵上海事務所調查室，《農村實態調查報告》(1941)，上海市嘉定區，表3。

(2)同上，江蘇省南通縣，表1。

(3)同上，江蘇省松江縣，表1。

(4)同上，江蘇省常熟縣，表1。

(5)同上，江蘇省無錫縣，表1。

(6)〈泰安縣一部落に於ける農業事情〉，《滿鐵調查月報》，二帙卷三號，頁7。

(7)《滿鐵調查月報》，一二卷一二號，〈附錄〉。

(8)岸本光男，〈山東臨清縣農村實態調查報告〉，《滿鐵調查報告》，二三卷七號，頁141。

(9)滿鐵天津事務所調查課，《薊縣農村實態調查報告》(1936)，頁41。

(10)─(11)中西功，〈河北農村經濟之概況〉，《滿鐵調查月報》，一八卷四號，頁21-31。

(12)─(33)同上，一八卷一號，頁39-73。

附錄E

其他調查統計

表 E1 土地分配

組　　別	占有地農戶%	占地%
10畝未滿(1-9畝)	42	7
10畝以上(10-29畝)	27	18
30畝以上(30-49畝)	16	22
50畝以上(50-99畝)	10	25
100畝以上	5	28
合　　計	100	100

註：占地面積以畝為單位，不足一畝者，按四捨五入處理。
資料來源：《中國社會經濟史研究》(1988-2)。

表 E2 土地分配

組　　別	占有地農戶%	占總農戶%	占地%
10畝未滿(1-9畝)	42	19	6
10畝以上(10-29畝)	27	12	14
30畝以上(30-49畝)	16	7	19
50畝以上(50-99畝)	10	5	19
100畝以上	5	2	42
合　　計	100	45	100

資料來源：同表E1。

表 E3　土地分配

成　分	占有畝數	占有地農民%	占農民總數%	占地%
貧農	1-10	44	20	6
中農	10-30	24	11	13
富農	30-50	18	8	19
中小地主	50-100	9	4	19
大地主	100以上	5	2	43
合　　計		100	45	100

資料來源：同表E1。

表 E4　土地分配

組　　別	戶數%	土地%
不足10畝	60	18
10-29.9畝	29	33
30-49.9畝	6	15
50-99.9畝	4	16
100畝以上	1	18
合　　計	100	100

資料來源：同表E1。

表 E5　土地分配

組　　別	戶數%	土地%
10畝以下	59	16
11-30畝	24	22
31-50畝	10	22
51-100畝	5	19
100畝以上	2	19
合　　計	100	98*

*另有2%屬公有地。

資料來源：同表E1。

表 E6　無錫各階層農戶土地占有規模分組統計

年份 / 土地分組 / 階層	總計	地主	富農	中農	貧農	雇農	其他
1929 合計戶數	716	23	60	174	404	7	48
1畝以下戶	199		1	14	152	7	25
1-5畝戶	298		5	60	215		18
5-10畝戶	118	2	10	67	35		4
10-50畝戶	89	10	43	332	2		1
50畝以上戶	12	11	1				
1936 合計戶數	751	26	47	214	408	10	51
1畝以下戶	191		1	13	144	9	24
1-5畝戶	325		3	87	220	1	14
5-10畝戶	127	2	7	71	37		10
10-50畝戶	98	14	36	43	2		1
50畝以上戶	10	10					
1948 合計戶數	834	36	34	248	457	8	51
1畝以下戶	173			9	138	2	18
1-5畝戶	363		2	89	257		15
5-10畝戶	717	3	4	95	57		12
10-50畝戶	120	26	28	55	5		6
50畝以上戶	7	7					

資料來源：《中國經濟史研究》(1991-3)。

表 E7　博平縣各類農戶占有情況

每戶畝數	占全縣戶數百分比	戶數	每戶所養牲口	所養數目
0～10	5%	1600	0	
11～20	20%	6400	1驢	6400
21～40	50%	16000	1牛	16000
41～50	10%	3200	1驢1牛	3200 3200
51～60	5%	1600	1牛1騾	1600 1600
61～80	5%	1600	1牛1騾	1600 1600

80～100	4%	1280	2騾1牛	2560
				1280
110～150	1%	320	3騾2牛1馬	960
				640
				320

資料來源：陶玉田《魯北十縣農業調查報告》，載《山東農礦公報》第13
期，1930年1月。

表 E8　華北三省地權分配狀況（1931 年）

耕地分組	河北省		山東省		河南省	
	戶%	耕地%	戶%	耕地%	戶%	耕地%
10畝以下	51.4	14.6	57.4	19.1	55.0	15.2
10-50畝	41.1	49.6	37.8	52.2	38.4	49.0
50-100畝	5.8	20.3	3.9	16.9	5.0	19.2
100畝以上	1.7	15.1	0.9	11.1	1.6	15.7

資料來源：1936年《申報年鑑》頁864。表中各組耕地合計不足100，是由於
各省耕地中都有一部分公地。

表 E9　河北省 43 縣 242 村 24568 戶土地占有和經營情況統計

1930

土地面積分組	占有土地		租進土地		直接經營土地		
	戶數	畝數	戶數	畝數	戶數	畝數	相當占有土地%
無地	2,463	—	23,171	—	2,566	—	—
5畝及5畝以下	4,259	14,240	606	2,032.9	4,055	13,707.6	96.3
5畝以上至20畝	9,879	125,035.1	656	7,809.8	9,779	124,660.8	99.7
20畝以上至50畝	5,290	176,769	124	4,387.7	5,447	182,475.2	103.2
50畝以上至100畝	1,955	142,447.8	26	1,913.6	1,991	145,419.5	102.1
100畝以上至200畝	606	84,850.5	3	380	618	86,712	102.2
200畝以上	116	35,992	—	—	112	34,508	95.9
合　計	24,586	557,367.3	1,415	16,029	24,568	587,483	101.8

資料來源：《中國農村經濟資料》續編。

表 E10　河北省 26 縣 51 村 4309 農戶土地占有和經營情況統計

1932

土地面積分組	占有土地		經營土地		
	戶數	畝數	戶數	畝數	占自有土地%
無地	297		425		
5畝以下	441	1,126.4	382	1,084.3	96.3
5-10畝以下	629	4,234.7	589	3,977.6	93.9
10-30畝以下	607	27,881.5	1,591	27,561.1	98.9
30-50畝以下	644	23,063.4	630	22,820.3	98.9
50-100畝以下	531	35,515.6	505	33,762	95.1
100-200畝以下	154	19,314.9	159	19,540	101.2
200畝以上	36	9,630.8	28	7,490.8	77.8
合計	4,309	120,767.3	4,309	116,200.1	96.2

資料來源：同表E9。

表E11　青苑縣11村各階級每戶平均占有耕地情況

（單位：畝）

		1930年			1936年		
		戶數	耕地	戶均	戶數	耕地	戶均
合	計	2119	41514	20	2272	40970	18
地	主	70	6902	99	72	6121	85
富	農	169	10148	50	173	9208	53.2
中	農	742	16283	22	906	18218	20.1
貧	農	915	7491	8.2	917	6873	7.5
雇	農	161	499	3.1	132	447	3.4
其	他	62	191	3.1	72	102	1.4

資料來源：《二十八年保定農村經濟調查報告》（河北省統計局，1958）

表 E12　山東莒南三縣 66 村土地分配

1942

分組	戶%	田%
0	4.88	0
0-0.5畝	17.34	0.2
0.5-1.0	24.57	11.5
1-1.5	18.23	14.2
1.5-2.0	11.31	12.4
2-3	11.90	18.6
3-4	5.40	11.8
4-5	2.76	7.8
5-10	2.94	13.8
10-20	0.47	4.4
20-50	0.18	3.9
50-100	0.03	1.4

表 E13　西黃村農戶土地占有面積分組統計

土地面積分組	農戶數		占有土地	
	戶數	%	畝數	%
無地	23	13.2	-	-
5畝以下	44	25.9	114.7	3.6
5-9.9畝	32	18.8	234.5	7.4
10-19.9畝	31	18.2	431.0	13.6
20-29.9畝	16	9.4	363.5	11.5
30-49.9畝	8	4.7	277.7	8.7
50-99.9畝	8	14.7	596.0	18.8
100畝以上	8	4.7	1153.5	36.4
合計	170	100.0	3170.9	100.0

資料來源：土改清冊。

表 E14.　其他吉尼係數

趙岡、陳鍾毅《中國土地制度史》，(1982)，頁234。

表 E15　1980 年農民家庭平均每人收入分組

分組(元)	各組人數 百分比%	各組總收入	各組收入 百分比%	各組收入 中數(Mean)
100元以下	9.8	4900	0.024	50
100-150元	24.7	30875	0.153	125
150-200元	27.1	47425	0.234	175
200-300元	25.3	63250	0.313	250
300-400元	8.6	30100	0.149	350
400-500元	2.9	13050	0.064	450
500元以上	1.6	12800	0.063	800
總　　和	100.0	202400	1.000	

資料來源：《中國統計年鑑》(中國統計出版社，1987)，頁697。
　　　　　各組總收入，以人口比乘各組收入中數(Mean)，500元以上者之
　　　　　中數假定。

表 E16　1986 年農民家庭平均每人收入分組

分組(元)	各組人數 百分比(%)	各組收入 中數(Mean)	各組總收入	各組收入 百分比(%)
100元以下	1.1	50	550	0.001
100-150元	3.2	125	4000	0.005
150-200元	7.0	175	12250	0.015
200-300元	21.8	250	54500	0.069
300-400元	21.7	350	75950	0.095
400-500元	16.5	450	74250	0.093
500元以上	28.7	2000	574000	0.720
	100.0			1.000

資料來源：《中國統計年鑑》(中國統計出版社，1987)，頁697。
　　　　　總收入是由各組人口比數乘各組收入中數求得，500元以上之中數
　　　　　假設是2000元。

中國傳統農村的地權分配

2005年2月初版　　　　　　　　　　　　定價：新臺幣380元

有著作權・翻印必究

Printed in Taiwan.

著　　者　趙　　　　岡
發 行 人　林　載　爵

出 版 者　聯經出版事業股份有限公司
台 北 市 忠 孝 東 路 四 段 5 5 5 號
台 北 發 行 所 地 址：台北縣汐止市大同路一段367號
　　　　　　電話：(0 2) 2 6 4 1 8 6 6 1
台 北 忠 孝 門 市 地 址：台北市忠孝東路四段561號1-2樓
　　　　　　電話：(0 2) 2 7 6 8 3 7 0 8
台 北 新 生 門 市 地 址：台北市新生南路三段 9 4 號
　　　　　　電話：(0 2) 2 3 6 2 0 3 0 8
台 中 門 市 地 址：台 中 市 健 行 路 3 2 1 號
台 中 分 公 司 電 話：(0 4) 2 2 3 1 2 0 2 3
高 雄 辦 事 處 地 址：高 雄 市 成 功 一 路 3 6 3 號 B 1
　　　　　　電話：(0 7) 2 4 1 2 8 0 2
郵 政 劃 撥 帳 戶 第 0 1 0 0 5 5 9 - 3 號
郵 撥 電 話：2 6 4 1 8 6 6 2
印 刷 者　雷 射 彩 色 印 刷 公 司

叢書主編　沙　淑　芬
校　　對　楊　蕙　苓
封面設計　胡　筱　薇

行政院新聞局出版事業登記證局版臺業字第0130號

ISBN　957-08-2774-2（精裝）

國家圖書館出版品預行編目資料

中國傳統農村的地權分配 / 趙岡著.
--初版 . --臺北市：聯經，2005 年（民 94）
248 面；14.8×21 公分

ISBN 957-08-2774-2(精裝)

1.土地制度-中國-歷史

554.292   93018985

聯經出版公司信用卡訂購單

信用卡別： ☐VISA CARD ☐MASTER CARD ☐聯合信用卡

訂購人姓名： _____

訂購日期： _____年_____月_____日

信用卡號： _____ _____ _____ _____

信用卡簽名： _____(與信用卡上簽名同)

信用卡有效期限： _____年_____月止

聯絡電話： 日(O)_____夜(H)_____

聯絡地址： ☐ ☐☐_____

訂購金額： 新台幣_____元整
（訂購金額 500 元以下，請加付掛號郵資 50 元）

發票： ☐二聯式　　　☐三聯式

發票抬頭： _____

統一編號： _____

發票地址： _____

如收件人或收件地址不同時，請填：

收件人姓名： ☐先生
_____ ☐小姐

聯絡電話： 日(O)_____夜(H)_____

收貨地址： _____

· 茲訂購下列書種·帳款由本人信用卡帳戶支付 ·

書名	數量	單價	合計
		總計	

訂購辦法填妥後

直接傳眞 FAX：(02)8692-1268 或(02)2648-7859

洽詢專線：(02)26418662 或(02)26422629 轉 241

網上訂購，請上聯經網站：http://www.linkingbooks.com.tw